厭世哲學家 著

厭世講堂

顛覆人生的
十堂
莊子課

目錄

導言　厭世是起點，出世是終點

「厭世代」的誕生

大概在二〇一六～二〇一七年左右，許多「厭世」系列的粉絲專頁受到廣泛的關注，這些粉絲專頁散播大量憤世、嫉世、倦世的「負能量」金句（大部分帶有幽默詼諧的成分）而受到許多年輕網友的熱烈歡迎，覺得這些負能量金句說出了大家的心聲。於是，以往那些「正能量」的關鍵詞——諸如「夢想、努力、未來、創造」等等，漸漸消失在大家的生活中，取而代之的是「耍廢、無用、當下、放棄」等關鍵詞。從整體印象來看，這一代的年輕人似乎缺乏努力的動機，對未來也已經失去光明美好的想像，只能在當下追求一些「小確幸」而已；於是媒體給我們這代人製造了一個新的標籤，叫「厭世代」。

「厭世哲學家」也是眾多厭世粉絲團的其中一員，但我的「厭世」並非由時代、環境所造成。我從小就很厭世，而且在這個世界上活得很孤獨；也就是說，「厭世」是我的生命基調，而不是一時湧現的感受。

這個世界為了維持正常運轉，必須靠很多「光明、希望、美好」的謊言來當潤滑劑，讓每一個人都走在該走的軌道上，扮演一個小小螺絲釘，沒日沒夜不停地轉動，否則這個社會將分崩離析。在這樣的世界中，當一個願意動腦的人實在是很辛苦，因為不管看到了什麼，意識到了什麼，也都必須假裝不知道、不在意，否則只會被大家當成怪人。

長大之後，接觸到中西哲學，讀了點書，才知道原來我並不孤獨，世界上竟有這麼多哲學家曾經跟我想過一樣的問題，跟我一樣看到了這麼多奇怪的現象，而且還提出了極具說服力的解釋。我當時想：如果能搞清楚哲學家們是如何解答這些問題，是不是就能更加了解這個世界？是不是就能終結自己的厭世與孤獨？是不是就能獲得真正的「智慧」？——由於實在是太興奮了，所以我很快就把「哲學」視為畢生職志，所有的青春歲月就這樣攢了下去；當我再度面對這個世界的殘酷時，已經是好多年以後的事了。

讀了那麼多哲學，再次回到世界，接受這個世界的折磨時，我還是很厭世。當時身邊的朋友問了我一句：「你不是讀哲學的嗎？為何還是很容易有負面的想法？」我只能苦笑著說，就是因為讀了哲學，所以才更加無可救藥地厭世啊。

我想，大部分的哲學家都是厭世的。哲學家跟一般人不一樣的地方在於，我們的「厭世」可能只是一種情緒，只是很表面地看到了些什麼、體驗到了些什麼，進而導致自己的不快樂；但哲學家的「厭世」是已經把整個世界都看穿了、看透了的那種，他們深深了悟宇宙的真相，知道整個世界運作的規則，而且人力無法改變（雖然他們都努力提出某些改變的方法，但是否奏效，就見仁見智了）。

因此，哲學家的「厭世」並非一時的不快樂，而是一種永恆的厭倦、厭煩與無可奈何。「厭世代」的來臨，表示整個社會已經來到一個十分特殊的階段：「正能量」已失去普遍維繫人心的力量，大眾承認自己所身處的環境有一些不合理的現象，而且自身完全沒有改變的能力，如果我們不能從根本上有所改變的話，談再多的「夢想、希望與未來」也不過都是謊言。於是，我們這一代人的人生究竟要怎麼過，我們的未來究竟在哪裡——這些根本的問題，終於到了不得不面對的地步。

「厭世代」的誕生是一種契機。孔子曾說過：「不憤不啟，不悱不發。」這句話的意思是說，當一個人面對無法解決的難題，不管怎麼想都想不通，已經到了生氣、惱怒的時候，老師才可以去指導他。身為「厭世代」，我們對這個世界有太多想不通的問題，有時候我們真的很想問天問大地，或者是迷信問問宿命；當我們找不到人可以問的時候，也許可以問問歷史上那些知名的「厭世哲學家」們，把他們當成老師，問問他們為何厭世？他們又是如何處理自己的厭世情緒？——如此一來，也許我們就會對自己的人生，甚至是自己所身處的世界，有更加深入的體悟。

是的，「厭世」僅僅是一個起點，它會讓我們開始探索一些不一樣的東西。

厭世的極點是出世

在厭世風潮正如日中天的時候，令人驚異的是，下一波風潮又來襲了，就是所謂的「佛系」世代。

二〇一七年底，網路上瘋傳一篇文章，號稱「第一批九〇後已經出家了」。該篇文章列舉了一些九〇後年輕人的處世之道，例如「佛系乘客：您停在那裡不要動，我自己可以走過來」，以前的人搭計程車總是爭先恐後，但現在我們不爭了，自己默默走到計程車營業據點去搭車就好。

又如「佛系戀愛：你看吧，我都行」，情侶通常不是愛得火熱，就是吵得火熱，但現在的戀愛之道卻是各自隨緣，你說要去哪就去哪，要幹嘛就幹嘛，我完全無所謂。再如「佛系養娃：出息的孩子不會多，童年何必那麼苦」，一般人都望子成龍、望女成鳳，從小培養孩子學各種才藝，但現在一切隨緣，孩子想做什麼讓他自己決定，就算毫無成就也無所謂。

簡單來說，所謂的「佛系」指的就是不爭不搶，一切隨緣的處世之道。反正不管再怎麼爭、再怎麼搶都沒有用，那又何必這麼執著呢？

這種處世之道，乍聽之下難免令人覺得不可思議：我的天！這難道不是自暴自棄、隨波逐流嗎？如果整個社會的年輕人都變成「佛系」，將來我們國家不會滅亡嗎？——於是網路上掀起一波又一波的論戰，大部分的人都認為所謂的「佛系」並不是真的「成佛」，只是一種消極的逃避、無所作為而已，這群年輕人將來一定會自食惡果。

果真如此嗎？如果想解答這個問題，就要把「佛系」這個概念從頭說起。

在我看來，「厭世」與「佛系」並不是兩波相異的風潮，而是同一波風潮的延續。

「厭世」是起點，而「佛系」是終點，當一個人厭世到了極點，他就出世了。為什麼會這樣呢？

因為厭世太累了。

一個人會厭世，表示他還對這個世界有期望，只是因為他沒有辦法把世界改變成自己期待的樣子，所以才會厭世（所以厭世的人其實都是愛世的傲嬌）；當一個人完全對世界沒有任何期待，失去所有熱情的時候，他就會變成佛系了。

不期不待，不受傷害嘛。這樣的人生好像會過得比較輕鬆呢。

最佳的佛系代言人，是陶淵明。他說：「結廬在人境，而無車馬喧。問君何能爾，心遠地自偏。」（〈飲酒．其五〉）這意思是說，雖然我跟大家住在一起，但你們的吵鬧聲卻完全影響不了我。為什麼我能夠如此清靜自在？因為我的「心」根本不在這裡。雖然我還活在人間，但我的「心」早已超離世間，出世去了。

不是我變成邊緣人，而是我把整個世界給邊緣化了呢。

陶淵明原本也是個極端厭世的人，他曾說過「世與我而相違，復駕言兮焉求」（〈歸去來辭〉），但厭世只是他的起點，最終他出世了，成了佛系男，得到無比的自在與安詳。

佛系的生活態度，雖然無法解決任何問題，但卻可以讓問題直接消失，得到內心的平靜。這種生活態度有什麼不好呢？為什麼古人當了佛系男，就可以被世人稱頌為境界高超；而我們現代人當了佛系男，就要被說成是消極、逃避、頹廢呢？其道理何在？

當一個徹徹底底的佛系人

在現在這個社會當個佛系男女，之所以會被指責，原因有內外兩面：

外部原因是，如今幾乎全球都是資本主義市場，在市場機制中，所有人都是商品，競爭力至上，如果你不想辦法讓自己變成一個高價的商品，那就是頹廢，就是不思進取。在這樣的全球風氣中，沒有佛系男女的立足之地。

內部原因是，一般人的「佛系」心態，其實只是當一個麻木無感的人，只能從當下的情境之中逃離出去而已。這樣的「佛」實在不夠徹底。真正的「佛」，不只能逃離當下的情境，他根本逃離了整個世界，逃離了整個宇宙；甚至可以說，「佛」已經完全沒有「我」

了，而一個沒有「我」的人，你要去哪裡尋找他的存在呢？

言下之意是，如果我們真的成「佛」了，還會在意外部世界嗎？就算這個世界是資本主義市場，與我何干？就算國家覆滅了，與我何干？就算我死了，與我何干？千千萬萬個問題，歸結到底，只有一個：那就是我們還「佛」得不夠徹底。如果想要從厭世的困境中徹底解脫，就得先「成佛」才行。

因此，所謂的「佛系」心態，其實可以往高處講，也可以往低處講。如果往低處講，就是年輕人對現實社會的逃避、頹廢與不思進取；而一旦往高處講，就會涉及我們對整個宇宙真相以及對自我的認知，這是從古至今，所有哲學家都在探索的一個真正的哲學問題。

本書就是要藉由《莊子》，來討論這個問題。

為什麼是莊子？

談到這裡，有個問題必須解決：既然本書要談「佛系」，那為什麼不直接討論佛教思想，而是討論莊子思想？這難道不是掛羊頭、賣狗肉嗎？

之所以這麼做，其實涉及我個人對莊子與佛教思想的了解。

在我的理解，「印度佛教」與「中國佛教」的差異其實很大。從大方向來看，印度佛教比較強調戒律、熏習等修行方式，苦行色彩較重，似乎沒有我們所想的那麼「自在」與「隨緣」；而中國佛教則是以禪宗為主流，強調「心」的無所執著，修行方式亦十分自由，可動可靜，較具有浪漫、藝術的色彩。我們今日所說的「佛系」，其實比較偏向中國佛教那種隨緣、安詳的生活態度。

那麼，中國佛教為什麼會發展出不爭不搶、隨緣自在的「佛系」思想呢？《莊子》在其中扮演著非常關鍵的角色。

佛教傳入中國，其實經過了很長一段時間的融合與演變，才成為中國人能普遍接受的思想學說。在中國佛教的演變過程中，儒家的「忠孝節義」與道家的「無心無為」發揮了極大的作用——因為與儒家的倫理思想結合在一起，所以中國佛教才會勸人為善，並強調「佛法不離世間法」；又因為與道家的無為思想結合在一起，所以中國佛教才會將修行的重點放在「心」的無所執著上，成就其浪漫自在的思想性格。

言下之意是，我們現在所說的「佛系」——不爭不搶，隨緣自在的處世態度——基本上是佛教思想與道家思想融合的成果，其中尤以《莊子》貢獻最多。

《莊子》所謂的「無為」，其實就是隨緣、順化，完全不要用自己的想法去處理事情；《莊子》甚至認為，如果不是在威脅生命的情況下，就算一輩子都當個廢物，對社會毫無貢獻，其實也無不可。

此外，佛經所謂「一切有為法，如夢幻泡影」，中國人對這句話的理解其實也受《莊子》思想的深刻影響。「莊周夢蝶」的故事告訴我們，如果人生中所有的一切都是一場大夢，那我們又有什麼可在乎？面對生命中種種無可奈何，「安之若命」便是，連一句怨言也不必，自然就更談不上爭與搶了。

由此可見，《莊子》其實才是「佛系」思想的真正祖師爺；如果想當一個徹徹底底的佛系人，最佳的管道就是跟著《莊子》走一趟思想之旅。因此，本書將透過《莊子》來探討古代哲人對宇宙、社會、人生的種種思考，看看莊子如何從「厭世」到「出世」，成為一個徹徹底底的「佛系男」。

第一課　莊子的志向

莊子是誰？

莊子是戰國諸子之一，關於他的生平，幾乎已經不可考，只剩下《史記．老子韓非列傳》中短短的幾行文字，至於記載的內容是真是假，沒有人知道。雖然《莊子》書裡有記錄一些以「莊子」本人為主角的寓言故事，但由於是寓言體，似乎也不宜視為真實發生過的事蹟。

雖然無法確認真假，但我們還是可以從這些記載中，捕捉到一些莊子行為處事的風格。比如說，莊子跟惠子是一對經常論辯，互相損來損去的好基友；莊子有過一個老婆，而且老婆比他早死；莊子可能居住在楚國蒙縣（今河南省商丘市境），也許做過「漆園吏」這個工作，具體的工作內容我們也不太清楚，但無論工作內容是什麼，似乎都只是個微不足道的小官而已。

由於莊子是一位名傳千古的偉大思想家，如果根據偉人傳記的套路，莊子應該是一個很窮，但卻很有志氣的有為青年，經過艱苦的奮鬥後，終於達成人生目標成為一代大哲，值得後人效法。

沒錯，雖然莊子從小就過著艱困的日子，但他很早就立定偉大志向，就是要當個廢物。

啥？

對，你沒看錯，莊子真的走在時代的尖端，但他就是走得太前面了，所以當時沒什麼人能理解。想不到莊子在兩千多年以前就已經立志要耍廢一輩子了，如果現在還有人想當廢物的話，都應該以莊子為宗師。

千萬不要以為「當個廢物」是一件很簡單的事情，錯了，無論在哪個時代，想要當廢物都超級難，幾乎到了要與全世界為敵的程度。莊子的偉大就在於，他歷盡了千辛萬苦，克服了數不盡的困難，終於完成了「當廢物」這個理想。

楚威王聞莊周賢，使使厚幣迎之，許以為相。莊周笑謂楚使者曰：「千金，重利；卿相，尊位也。子獨不見郊祭之犧牛乎？養食之數歲，衣以文繡，以入大廟。當是之時，雖欲為孤豚，豈可得乎？子亟去，無污我。我寧游戲污瀆之中自快，無為有國者所羈，終身不仕，以快吾志焉。」

——《史記．老子韓非列傳》

楚威王聽說莊子十分賢能，就派遣使者以重金禮聘他，希望莊子能在朝廷中擔任相職。

莊子笑著跟楚國使者說：

「千金，確是厚禮；卿相，確是尊貴的高位。但是你沒見過祭祀天地用的牛嗎？國君餵養牠好幾年，給牠披上帶有花紋的綢緞，再把牠牽進太廟去當祭品。在那個時候，牠即使只想做一頭野生的小豬，難道能辦得到嗎？

你趕快離去，不要玷污了我。

我寧願在一坨爛泥中自己玩得很開心，也不願被國君所奴役；我一輩子不做官，只求心志暢快而已。」

「當廢物」為什麼這麼難？因為「當廢物」就是徹底不走尋常路，完全不遵循社會上既定的價值軌道，只做自己想做的事；簡而言之，就是「做自己」。

一般人說自己很「廢」時，大多是自嘲，表示自己沒有競爭力，不符合社會的期待，帶有一點無可奈何的意味。如果可以選擇，我相信沒有人會自願想當廢物，而莊子跟一般人不一樣的地方就在於：他明明不是廢物，而且有機會當大官去治理天下，但他卻堅持要當廢物。莊子到底在想什麼？

從社會價值中突圍

在我看來，「認識自己」是每個人來到世界上，必須完成的最重要的事。每當我們在生活中遇到困難與痛苦時，其實是宇宙在提醒我們：該是好好認識自己的時候了。

如果「認識自己」是每個人一生中最重要的功課，我們會很驚訝的發現：現在的學校教育對此竟毫不重視。我們生活在一個以「競爭」為根本原則建立起來的社會，學校自然也被異化成「競爭力」的生產工廠；每個人都生活在「恐懼」之中，恐懼自己沒有競爭力，如果比不過別人，就會被淘汰。老師及父母以此恐嚇學生，學生也已習慣以此恐嚇自己。

當整個社會都在強調「終身學習」的時候，我所看到的，不是每個人都渴望認識自己，或學習成為一個更好的人；而是在恐懼自己若跟不上別人的腳步，最終就會被時代所淘汰。學生時期，我們花了大把的時間補習、上輔導課，忙到沒有時間探索自己；長大之後出了社會，竟然也要耗費珍貴的休息時間去補習，增加自己的競爭資本。當整個社會都陷入瘋狂的「補習」風潮時，我們要意識到自己是多麼根深蒂固地被困在「恐懼」的行為模式裡無法自拔——我們一輩子都是那個被父母、老師恐嚇著的小孩，從來不曾長大。

孔子說過「古之學者為己」，雅典神廟前的箴言是「認識你自己」——現在的學校教育早已偏離教育的最初目的，淪為某種社會生產的機構，就好像養殖場一樣，把學生養成一隻隻白白胖胖的豬，愈肥美愈好，這樣才能賣出好價錢嘛！養殖場還設立了某種競爭機制，愈肥美的豬，就可以得到愈多的榮譽與獎勵，所以養殖場中的每隻豬都拚命餵食自己，急著想讓自己變成高價的商品，這樣才能賣得更多的錢。

身為一位老師，我發現，當我在講臺上開始分享人生經驗，或闡發哲學道理時，班上總有某些「聰明」的學生開始低頭做自己的事了；他們覺得老師講的這些東西不會考，沒有用，所以不必聽，寧可把聽老師講道理的時間拿來算數學或背英文單字。當我們在討論議題或作報告時，這些學生也總是不願意參與，因為他們心中只想追求分數，只想把自己的人生拿來換算成投資報酬率。

從某個角度來看，這些學生的選擇是對的，他們善用時間，努力讓自己變成高價的商品；但他們不知道，只要他們哪怕有一秒鐘的時間能脫離這種餵養自己的行為，在那一秒鐘，他們就是個真正的「人」，而不只是一個商品。

現在的學校教育教導你服從，並調整自己去適應這個競爭的社會，但這並不是真正的教育。教育的真正目的不應該是培養一個人成為律師、政治人物、公務員或教授，讓他把別人踩在腳下，過上舒服愉悅的日子；而是真正去啟蒙一個人的生命，從社會價值中突圍，讓他知道自己為何而活。這番道理說起來很容易，但要做到實在困難——你心裡一定想說：這樣真的可以嗎？難道不應該先找到一份好工作養活自己嗎？難道當個沒有競爭力的廢物，被社會淘汰也沒關係嗎？

你沒有辦法想像一種沒有「恐懼」的生活，因為你的心已經完全被「恐懼」給攫住了，這使得你無法放開手去追尋自己真正應該做的事。

現在的學校教育正是在鞏固你的恐懼，並以你的恐懼為燃料，驅使你前行；一旦拿掉了恐懼，你都不知道該怎麼行動了，你不知道活著到底是為了追求什麼，你會感到無盡的彷徨。我很清楚，因為我也是這樣長大的。

莊子是一個特別明白的人，他就是把這個世界看得太透了，才會厭世。

廢物的哲學

山木，自寇也；膏火，自煎也。桂可食，故伐之；漆可用，故割之。人皆知「有用」之用，而莫知「無用」之用也。

——《莊子．人間世》

山木被做成斧頭，反過來砍殺自己；
油膏引燃了火苗，反過來燒毀自己。
桂樹生產的果子可以吃，所以被人砍光光；
漆樹的汁液可以當成油漆使用，所以被人割光光。
大家都知道「有用」的東西才是好，
卻不知道「沒用」的東西，才能保有自己真正的價值。

第一次讀《莊子》，是在我二十歲的時候，我現在還記得那是一種很不愉快的經驗。《莊子》整本書都在談「命」、談「不得已」，勸人破除執著，什麼都不要追求；莊子甚至提倡一種「隨波逐流」的人生態度，要人安住於當下，即使當個不負責任、沒有任何用處的廢物也沒關係。當時的我簡直是忍無可忍，覺得根本通通都是藉口；當一個人不願意付出努力、不願意改變人生時，他所說的一切不過都是「逃避現實」的藉口罷了。假如莊子只是在勸人當個廢物，那這樣的哲學，倒不如趁早毀滅，對社會還比較有幫助。

在求學時期，我是個特別積極正向的人，靠著自己的努力，在升學體系中一路過關斬將。那時候總覺得命運是掌握在自己手中的。我不喜歡、也看不起那些不付出努力的人，我覺得他們在浪費生命，不思進取，這樣的人沒資格抱怨命運；與其抱怨，不如多花點時間想想該如何讓自己脫困、如何讓自己變得更有競爭力。

但那不過是一個尚未被現實折磨過的小屁孩，一廂情願的想法罷了。

人生難免會遭遇一些挫折，但在求學時期，哪裡知道什麼是真正的挫折？小考不小心考差了，大考沒考上自己的第一志願，跟朋友關係鬧僵了，父母不尊重自己的想法……學生所煩惱的不就是這些事情嗎？也許這些事情，對小小的心靈而言已經是重大的挫折；但離開學校體系的庇護之後，暴露在無情的社會環境中，我才知道那些小事根本連「挫折」兩個字都算不上。真正的挫折，是會讓一個人徹底毀滅，完全不知道自己是誰的。

我一直以為自己是個「有用」的人，但不知道為什麼，離開學校環境後，竟發現自己是個真正的「廢物」。我什麼都不會，什麼都做不好，以前以為是對的，現在都是錯的；我非常混亂，自我認知嚴重失調，不知道自己未來在哪裡，也不知道自己為什麼要活在世界上。

我來告訴你什麼是「廢物」吧——廢物就是你努力想成為一個更好的人，卻發現自己仍然是你自己，從來不是理想中的某個人；廢物就是你花了數十年的時間想成為一個成功人士，為此奮鬥不懈，卻發現自己永遠無法符合社會的期待，只能在高不成、低不就的區間浮浮沉沉；廢物就是你為了成為一個好兒子、好女兒、好學生、好父親、好母親、好老師，犧牲了自己大半生的幸福與自由，最後卻發現自己永遠滿足不了別人對你的索求，落得個眾叛親離的下場。

你只能認輸，你只能沉痛地承認，確實失敗了。

你根本沒有自己想像的那麼厲害。

你根本無法擁有自己以為可以擁有的一切。

當時的我，其實已經被毀滅得差不多了。原本的天地崩解了，就像個初生的嬰兒一樣，不知自己究竟在何方，不知自己究竟是誰，我的心靈終於騰出了空位，可以讓新的價值觀與世界觀進駐了；就是在這個時候，我才漸漸讀懂了《莊子》，開始能去思考「當個廢物」究竟意味著什麼。

幾年後，我成了老師，在課堂上，我曾問過自己的學生，你們想當大雄（總是考零分墊底），還是想當出木衫（總是班上第一名）？大家當然都想當出木衫，沒人想成為廢物大雄。但如果換一個角度想，是大雄比較容易從世俗的價值觀中超脫出去呢？還是出木衫比較容易從世俗價值觀中超脫出去？答案毫無疑問是大雄。

既然都已經是廢物了，從來沒有從社會制度中得到任何利益，對於這個社會的種種好壞標準，也就不必那麼介懷了。考一百分又如何，考零分又如何，當整個社會都用分數來定義你的時候，若你也跟隨大眾，用分數來定義自己的價值，那才是真正的可悲。

在接受自己是「廢物」的那一刻起，我們終於可以不再逼迫自己符合社會的期待，進而轉向內在，探索自己究竟是誰。如果用這樣的態度來面對，「成為廢物」就會是一份生命的贈禮，是促使我們了解自己的一塊敲門磚。

我期盼出木衫在人生旅途中可以一帆風順，永遠當個人生勝利組，這樣他就可以不必去面對、思考這些問題（也許這就是大家都期盼的人生吧）。但如果我們不是屬於這種一帆風順的人生，就早晚得去面對這個人生的課題。《莊子》這本書，就是為有志探討這個課題的人所寫的，所以我會將莊子哲學定位為「廢物的哲學」。

在我看來，《莊子》是一部極其難解的書，它完全違背一般人的邏輯與價值觀，所以大部分《莊子》的研究者都試圖想將它給「正能量化」，也就是從特別積極、正向的角度來解析《莊子》，好讓它能被現代人所接受；好像只要學習《莊子》，我們就可以忘記一切煩惱，在公司裡成為快樂又稱職的員工，在家庭裡成為慈祥又有智慧的父母。至此，莊子似乎搖身一變，成為當代人的「心靈導師」。但我總覺得真實的《莊子》並非如此。

一個徹底實踐《莊子》之道的人，是很有可能拋家棄子，拿著一個大葫蘆瓢在大海中漂浮，最終默然死去的。

莊子並不是在提倡一個積極正向的哲學，不是在教導我們如何在這個紛亂的世界中活得逍遙自在，也不是在逃避現實、自我感覺良好；他是從根本上提出一套完全不同的價值觀與人生觀，如果人人都照著他提倡的方式過生活的話，是有可能會顛覆既有的社會體制的。在《莊子》的理想世界中，每個人都可以自在地做自己，不必打扮成某個攤位上漂漂亮亮、光滑剔透的商業水果，而是可以當個外表醜陋，但內在健康、飽滿的野生水果。你不是在精心調控的溫室中培養出來的商品，你只是你自己，在天地間自開自落，沒有任何人能給你貼上標價，放在超市的架上兜售、任人宰割。就像莊子自己所說的：

人皆知「有用」之用，而莫知「無用」之用也。

如果我們按照莊子的指導來過人生，恐怕真的會成為一個「無用」的廢物（從世俗的角度來看）。但也只有當我們不害怕成為一個廢物時，才可以說自己並非為他人而活，是為自己而活。

第二課　「我」是誰？

「我」不是我所扮演的「角色」

這幾年，社會上愈來愈多人在提倡「做自己」，例如，有某本暢銷書告訴我們：如果想要做自己，就要不怕被別人討厭。這種勵志書籍有其好處，它提醒我們在待人處事時，不要依賴別人的肯定與讚美過活，而是要懂得肯定自己的價值。

但這些勵志書籍的侷限是什麼呢？就我印象所及，似乎沒有任何一本書告訴我們究竟「我」是誰？如果我根本不知道「我」是誰，那又要怎麼「做『我』自己」呢？好像每個人都會理所當然地假設一定會存在一個真實的自己；只要不為別人而活，就可以為自己而活——但這是真的嗎？

我曾經思考過，為什麼人活著會那麼痛苦，其中有很大一部分的原因就是：我們都沒辦法做自己，我們都在強迫自己扮演一個虛假的「角色」，耗盡精力去迎合他人的眼光，最後卻得不到自己真正想要的。

「得不到自己想要的」——這就是問題所在。我這句話的意思是，我們之所以選擇「不做自己」，其實是有原因的。我們以為，只要不說自己真正想說的話，不做自己真正想做的事，不選填自己真正想選填的志願，就可以得到別人的愛與肯定，或者得到一個更好的前途（至少是「可知」的前途，因為我們天性渴望安全感，恐懼未知）。

這個社會有多少這樣的人呢？他們以為當下所扮演的角色，當下所做的一切，就是他們內心真正想做的事。因為到目前為止，一切都運行得很不錯：他們按照父母與社會的要求，扮演他們所期待的角色，也得到了自己所想要的——愛、讚美與名利。

我們必須先覺察到，我們總是藉由扮演某種角色，跟他人達成一種交易：我符合你的期待，而你也必須符合我的期待。一旦別人的反應不符合我們的預期，就難免會有失落感，因為我們會覺得自己的努力白費了；這種失落感提醒我們其實一直在迎合別人的期待，而不是真的在「做自己」。

如果一直在扮演某個角色，久而久之，我們會感到真實的自己被忽視了，並且愈來愈缺乏自我價值感。也就會想不通一些事情，例如：

「他們愛的是真正的我嗎？」

「有人在乎我的想法嗎？」

「我真的配得上我的名號嗎？」

「為什麼別人總對我索求無度？」
「我這麼努力到底是為了什麼？」
「為什麼別人都可以任性妄為，而我卻不行？」

我想到我在青春期的時候，一度非常叛逆，從那時候就形成了「反抗者」的性格——有很強烈的主見，絕不聽從父母及師長的安排。這表面上看起來好像很「做自己」，但實際上只是在扮演另外一個角色，以對抗主流價值。當時的我，急著想成為一個獨立自主、不隨波逐流的人，想讓別人透過這個形象來認識我，覺得我很可靠；說到底，如此急著證明自己的我，仍然活在他人的眼光之下，並不是真的在「做自己」。

你可以去觀察那些很強調「做自己」的人，他們所謂的「做自己」通常就是扮演一個不同流俗的形象；但只要我們還緊抓著一個角色不放，抓著一個形象不放，就不是「做自己」。這種「緊抓」的態度，反映出我們內在深層的恐懼——因為我們根本不知道自己是誰。如果不先了解這一點，談再多的「做自己」都是枉然。

也許你以為每個人都知道真正的自己是誰，但這不是事實。

大家不過都是在假裝罷了。

在擁有這副形軀之前，你究竟是誰？

我常常在想，如果我能活到 2070 年，年至八十多歲，獨自躺在病床上回顧自己的一生時，我會有什麼樣的感覺？會覺得這一生很值得，還是會覺得這一生很可悲呢？在這短暫的一生中，我真的曾經覺察過自己究竟是誰嗎？還是一直在扮演某個角色，沉睡了一生而至死不悟？

當我問你「你是誰」的時候，你的腦子裡可能會充滿各種想法：你有一個名字，你有父母，你有朋友，你有某個職業，你有一段歷史——毫無疑問，我們都是在種種人際關係與具體的時空背景中才能確認自己是誰；但這些身分可以定義真正的自己嗎？你有沒有想過：在進入人際關係之前，在種種角色形成之先，在具體的時空架構之外，我們究竟是誰呢？

《莊子》鄭重地提出了這個問題：在你有這副形軀之前，你究竟是誰？

非彼無我，非我無所取。是亦近矣，而不知其所為使。若有真宰，而特不得其眹。可行已信，而不見其形，有情而無形。

——《莊子．齊物論》

沒有這些體驗，就不會有我；但沒有我，誰又能體驗它們。已經很接近了，卻仍然不知道是誰在背後主導著一切。好像有個真正的主導者，但是卻找不到它的任何蹤跡。雖然可以從種種行動中確認它的存在，卻看不見它的形體，它如此真實卻又沒有形象。

如果沒有種種的情緒體驗，我們就無法認知到「我」是什麼；但是「我」卻無法被這些情緒體驗所定義，因為它們都是後起的，是被「我」所體驗、感知到的東西。但真正的「我」（真宰——真正的主導者）究竟是什麼呢？《莊子》說不知道，完全找不到任何具體的內容，所以你不能說「我」是這個東西或那個東西，因為任何具體的事物都無法定義它。

百骸、九竅、六藏，賅而存焉，吾誰與為親？汝皆說之乎？其有私焉？如是皆有為臣妾乎？其臣妾不足以相治乎？其遞相為君臣乎？其有真君存焉？——如求得其情與不得，無益損乎其真。

——《莊子．齊物論》

百骸、九竅、六臟，它們在身體裡和諧並存，「我」比較親近哪一個器官呢？

你對它們一樣地喜歡嗎？你是否有所偏私呢？
如果這樣的話，它們是否都有高低位階的分別呢？
有了高低位階，他們是不是會彼此競爭呢？
它們是不是會輪流當領導呢？
其中是不是有個真正的領導呢？
——無論你有沒有辦法找到它，都不會有損於它的真實。

雖然如此，總有些人不死心，非得找到「我」不可；那我們就從身體裡找找看，究竟哪個器官跟「我」比較親近，這樣就可以研究「我」究竟是什麼了。但身體裡面的器官都有自己運作的規律，彼此地位平等，誰也不聽令於誰，根本就找不到最高階的領導者（真君）。《莊子》說，雖然找不到「我」在哪裡，無法具體地研究其內容，但還是不會有損於「我」的真實性。

以上這兩段話雖然看起來有點複雜，但《莊子》想說的道理並不難：真正的「我」並不是我的情緒、感覺、思想、意念，也不是身體的某個器官。所有這些自我認同都是誤導。

如果刪除這一切，剩下的只會是完全的空無，真正的「我」其實一無所是。

但是，我們實在很容易忘記這個事實，總是要緊緊抓住某個外在形象，導致我們錯認了自己：

一受其成形，不亡以待盡。與物相刃相靡，其行盡如馳，而莫之能止，不亦悲乎！終身役役而不見其成功，苶然疲役而不知其所歸，可不哀邪！人謂之不死，奚益？其形化，其心與之然，可不謂大哀乎？

——《莊子．齊物論》

一旦化成人形，來到這個世界上，就要辛苦地維持不變，直到生命的盡頭。

跟外物互相傷害、互相折磨，

一直往死亡的方向奔馳，沒有辦法停止。這難道不悲哀嗎？

一輩子辛勤勞苦，卻不知道在追求什麼；

疲憊不堪，卻不知道回家的方向。這難道不悲哀嗎？

就算長生不死，又有什麼意義？

形體產生變化，我們的心就被它影響，（毫無自主性，）這難道不是

最大的悲哀嗎？

如果我們不能覺察到真正的「我」，其實是在一切形象與身分形成之前，那個一無所是的「空無」；我們就會沉溺於世俗的身分認同中無法自拔，在人際互動中彼此折磨消損，一輩子都無法找到真正的自己。這種絲毫無法自主的人生，就算長生不死，又有何意義！

如果沒有自己，要怎麼做自己？

我不知道有多少讀者可以接受「真正的『我』其實一無所是」這個事實。但希望大家都可以思考一下《莊子》提出來的問題：在擁有一副形軀之前，「我」是什麼？在擁有一個身分之前，「我」是什麼？每天早晨醒來，尚未與任何人進行接觸、交談之前，「我」又是什麼？

平時，我們的腦袋充斥著許多關於自己是誰的想法，這些想法給我們明確的行事指引，足以在人際互動中確立一席之地。長久以來，我們已經習慣透過自己所扮演的角色去感受、呼吸、思考與說話，一旦拿掉所有的形象，可能會頓時無所適從，不知自己究竟是誰，這會令人非常不安；所以在拿掉自我形象之後，我們通常會立刻套上另外一個自我形象，以求得某種安全感。但如果可以暫時停下來，承認自己確實不知道自己是誰，不要急著抓取任何形象，那情況又會如何呢？

我們會安住在「不知」中。

在現代文化中，「不知」是一個極度不受尊重的狀態。由於現代文化是以心智能力為基礎建構起來的，它不能接受原來心智能力是有限度的，且拒絕承認終極真相是心智永遠抵達不了之處。對此，《莊子》提出的建議是：如果我們真的已經走到心智的邊界之外，最好的方法不是立刻掉頭回到心智的懷抱，而是勇敢面向「不知」，安住於「不知」。

如果能安住於「不知」的狀態，就不會患得患失、想要再抓住些什麼或證明些什麼，我們的內在會完全敞開，當下這一刻，真正該做的事就會自然浮現。《莊子》要說的是：當我們的所作所為不是出於某個角色、某個形象，不是為了求得什麼，也不必擔憂後果的時候，我們的所思所行才是最自然而純粹的；我們就是做了這件事，說了這句話，完成了當下這一刻的要求，此外再無任何目的，亦無任何得失。一切如此簡單，像呼吸般自然。

真正的「自己」沒有辦法「做」，
你只能讓它自己浮現，
你必須敞開胸懷
接受它的存在。

不需要證明自己，才是做自己

在〈齊物論〉中，莊子說了一個關於影子的故事。

影子是個什麼樣的東西呢？它的一切行為，都是被「我」控制的，只要我舉手，影子也必須跟著舉手；我跑步，影子也必須跟著跑步。

那麼，影子的影子呢？在古人的觀念中，影子外面還有一圈陰影，古人稱之為「罔兩」；罔兩的一切行動都受到影子的控制，影子不管做什麼，罔兩就要跟著做什麼。有一天，罔兩終於受不了了，他對影子提出了激烈的抗議：

罔兩問景曰：「曩子行，今子止，曩子坐，今子起，何其無特操與？」景曰：「吾有待而然者邪？吾所待又有待而然者邪？吾（待）蛇蚹、蜩翼邪？惡識所以然？惡識所以不然？」

——《莊子．齊物論》

罔兩問影子說：「剛剛你在走路，現在你又停止了；剛剛你坐著，現在你又起來了。你能不能有一點自己的想法啊？」

影子說：「我的所作所為，是不是被別人所控制的呢？控制我的人，會不會也被其他的東西所控制呢？或者我是蛇蛻下來的皮、蟬蛻下來的殼（脫離所有關係而獨自存在的個體）呢？我怎麼會知道自己的所作所為，是被別人控制的，還是我自己決定想做的呢？」

一般人看到這則故事，可能會覺得很好笑。罔兩跟影子抗議有什麼用呢，因為影子的一切行為都是被別人控制的啊！影子根本不能決定自己想做什麼嘛，它自己就是個可憐人啊。

但是影子的回答，卻讓我們困惑了。影子的邏輯是：「如果我的一切行為都是被別人控制的，那麼別人是不是也被其他的東西所控制呢？」

我們總是責怪父母用「遙控器」控制自己的小孩，但有沒有人想過，父母是不是也被社會上的某些價值觀念所「遙控」？那麼，社會上的這些根深蒂固的價值觀，又是怎麼來的？是誰在背後「遙控」這些機制的運作呢？

我們都以為自己可以決定腦中的念頭，可以決定自己接下來要做些什麼；我們都以為自己在做自己真正想做的事，選了一個自己想要的選擇，但果真如此嗎？有沒有可能，我們只是被看不見的東西所「遙控」，卻渾然不自知？

這個問題如果繼續追問下去，我們不得不懷疑：這個世界上真的有人能脫離一切的掌控，徹底活出自己的生命嗎？真的有人可以「做自己」嗎？

莊子想提供給我們的，其實是另一種思考方向。

「罔兩問景」這個故事要告訴我們的是：這個世界上所有的事物，看起來好像是一個東西控制另一個東西，環環相扣永不休止；但實際上，沒有誰能真正控制誰，沒有人有這種主導力量。就算某個人看起來主導性很強，但他的背後還有更多看不見的東西在主導著他，所以他若只靠自己的力量，根本主導不了任何東西。這樣說來，到底誰能控制誰？其實一切都是「不得已」罷了。

按照這個邏輯，世界上根本沒有人是自由的。如果我們能認清這個事實，就會知道所謂的「做自己」並不是指一個人可以想做什麼就做什麼，而是能不帶著任何目的去做一件事。如果我們每一個人在行動時都能不問原因，不問結果，沒有任何期待，也沒有任何恐懼，那我們就能發自內心、純粹地去完成一件事，而不被任何外在的因素所影響——這才是真正的「做自己」。

因此，面對罔兩激烈的抗議，影子只能回答：「我怎麼會知道自己的所作所為，是被別人控制的，還是我自己決定想做的呢？」——也許從表面上看起來，影子正在被別人控制，但它其實是回歸到一個最純粹的狀態，不再問這件事情到底是為何而做，既然已經發生了，完成它也就是了。

它看起來仍然是個影子，但它早已跳脫這個角色、這個形象。

它知道真實的自己一無所是，並因此而安住於其中，不再向外追求認同。

必須釐清的是，影子這種「不知」的狀態，與一般人「不知道自己在做什麼」的狀態有別。當一般人說自己「不知道」的時候是充滿迷惘與彷徨，不知道該認同哪一個身分、不知道該怎麼行動比較好；而影子的「不知」則是根本失去身分認同的需求，它知道任何形象都無法定義它自己，所以能安然地回歸於當下，不再患得患失。《莊子》的邏輯是：當一個人不再需要透過「做自己」來證明「自己」的時候，也許它才是真正在「做自己」吧。

因此，「做自己」確實需要勇氣，
但並不是「被討厭」的勇氣，
而是「安住於不知」的勇氣。

固然，面對他人的誤解與厭惡，需要很大的勇氣；
但克服「不知自己是誰」的恐懼，不再偽裝自己，
全然安住於當下，需要更大的勇氣。

如果想做自己，就必須先戰勝自己對「無我」的恐懼。

第三課　沒有真理

「自我膨脹」是一種病

雖然我創設了「厭世哲學家」這個粉絲專頁，也花了一些時間研讀中西哲學，但我在現實生活中其實很少表現出自己是一個「哲學人」的樣子。一方面是覺得自己還不夠資格，一方面則是因為「讀哲學」難免會產生一些「副作用」，這些「副作用」是我時時刻刻引以為戒的。

「哲學」是一種研究真理的學問，但到底什麼是「真理」，往往見仁見智。從大方向來看，「哲學」指的是透過心智的思辨能力建構起來的真理觀；且哲學總是要對那些不可理解的事物提出某種一貫性的解釋，好像所有的問題都可以用思考解決。

正由於哲學奠基在人類的心智能力之上，它非常仰賴理性思考，所以讀哲學很容易給人一種錯覺：以為自己的思考能力比一般人更強、更精密、更快速，並自覺高人一等，所以讀哲學的人特別容易自我感覺良好——這就是我所謂的「副作用」。

我這樣說，難免有些不公平。其實不只是讀哲學的人，凡是學有所成，對世界已經產生某一套穩固的解釋系統的人，都會很容易「自我膨脹」。

我曾經認識一些真的很聰明或是自以為聰明的人，不管是跟我同齡的、比我年紀大的；這些人不管有沒有讀過很多書，不管是不是真的懂，他們都會有一套自己很堅信的思想系統。這種人通常都是高知識分子，他們有一定的社會地位，也很有自信，他們覺得自己相信的應該不會錯，而且總是可以拿出許多艱澀的理論來捍衛自己；所以一般人其實很難去反駁他們的想法，他們也很難敞開心胸去接受自己有可能是錯誤或者有所不足的。跟這種人相處其實很累，跟他們討論議題也很沒意義，所以就只能敬而遠之了。

莊子早就指出：無論聰明愚笨，每個人對宇宙、對人生其實都有一套自己的見解，是非常根深蒂固且充滿偏見的。有些人表面上看起來很聰明、很有智慧，但其實只是運用炫目的巧智，來捍衛自己本有的信念而已。也就是說，聰明的人不過比一般人更會思考、更會強辯罷了，並不代表他「更加正確」。

《莊子》說：

夫隨其成心而師之，誰獨且無師乎？奚必知代，而心自取者有之，愚者與有焉！未成乎心而有是非，是今日適越而昔至也，是以無有為有。無有為有，雖有神禹，且不能知，吾獨且柰何哉！

——《莊子・齊物論》

如果我們認同自己心中既定的價值標準，那誰會沒有自己的主見呢？何必大智慧的人才有主見，愚笨的人也會有主見啊！（所以每個人都是心中先有一套既定的價值標準，然後才產生「對／錯」的判斷。）

如果你覺得有些「對／錯」是天經地義的話，那就是顛倒了因果關係，把原本沒有的說成是原本就有。把原本沒有的說成原本就有，即便神通廣大的聖人也無法有個公正的裁斷，我還能怎麼辨呢！

每個人的思維系統中，都會有一套根深蒂固的價值標準，符合這個標準的就是好的與對的，不符合這個標準的就是壞的與錯的；雖然每個人的評價標準都不一樣，但你的心智會竭盡所能，說服你相信自己的評價才是絕對正確的，久而久之，你已經習慣凡事都從自己的價值立場出發去衡量了。

莊子要說的是：世界上根本沒有什麼「天經地義」的事，凡是你認為「天經地義」的，都是從你自己的價值立場出發而做的判斷。一切思想都是主觀的，從來沒有什麼客觀的標準可言；所有你認為「客觀」的想法，通通都是心智營造出來的騙局。過度迷信心智的結果就是，你會被自己的心智欺騙而不自知，不斷自我膨脹，把個人的標準當成普世的標準，這種病就叫做「自我膨脹」。

難怪莊子會這麼厭世。如果身邊有這麼多自我膨脹的人，總是要把自己的價值觀強加到別人身上，企圖指導別人的人生，要不厭世才奇怪呢。

誰有權力宣稱真理？

「自我膨脹」不只是一種個人的毛病，它完全有可能造成公共危害——因為我認為這樣做是天經地義的，你卻認為那樣做才是天經地義的，公說公有理，婆說婆有理，誰也不服誰……人與人之間的衝突就這樣產生了，歷史上所有的宗教戰爭都起因於此。

《莊子》舉例說：

> 道隱於小成，言隱於榮華，故有儒、墨之是非。以是其所非，而非其所是。欲是其所非而非其所是，則莫若以明。
>
> ——《莊子．齊物論》

真理被小小的物質成就蒙蔽了，
我們對真理的詮釋也被炫目的巧智蒙蔽了，
於是形成了儒家與墨家的爭端。
他們會用自己所認為的「對」去批評對方所認為的「錯」，
也會用自己所認為的「錯」去批評對方所認為的「對」。
與其試圖改變他們「對／錯」的觀點，
不如讓他們察覺到自己一直被蒙蔽的事實。

儒家與墨家是戰國時期的「顯學」，兩個學派的理念總是針鋒相對：儒家要崇禮樂，墨家卻非禮非樂；儒家提倡等差之愛，墨家卻提倡無差等的兼愛；儒家重義輕利，墨家卻「兼相愛，交相利」——兩個學派的鬥爭就好像宗教戰爭或政黨惡鬥一樣，雙方都覺得自己的想法才是天經地義的，並據此批判對方是禍國殃民的異端邪說。

然而，《莊子》指出，根本就沒有一個客觀的標準可以去裁斷誰對誰錯：

既使我與若辯矣，若勝我，我不若勝，若果是也？我果非也邪？我勝若，若不吾勝，我果是也？而果非也邪？其或是也，其或非也邪？其俱是也，其俱非也邪？我與若不能相知也，則人固受其黮闇。吾誰使正之？使同乎若者正之，既與若同矣，惡能正之！使同乎我者正之，既同乎我矣，惡能正之！使異乎我與若者正之，既異乎我與若矣，惡能正之！使同乎我與若者正之，既同乎我與若矣，惡能正之！然則我與若與人俱不能相知也，而待彼也邪？

——《莊子．齊物論》

假設我跟你論辯，你說贏了我，難道你就一定正確？我就一定錯誤？假如我說贏了你，難道我就一定正確？你就一定錯誤？難道我們其中有個人是正確的嗎？有個人是錯誤的嗎？

難道我們兩個人都是正確的嗎？兩個人都是錯誤的嗎？
既然我跟你都無法了解對方的想法，
這就表示別人也無法了解我們兩個的想法。
我還能請誰來當裁判呢？
假如請立場跟你一樣的人來當裁判，
他的立場既然跟你一樣，他怎麼能當個公正的裁判呢！
假如請立場跟我一樣的人來當裁判，
他的立場既然跟我一樣，他怎麼能當個公正的裁判呢！
假如請立場跟你我都不一樣的人來當裁判，
他的立場既然跟你我都不一樣，他怎麼能當個公正的裁判呢！
假如請立場跟你我都一樣的人來當裁判，
他的立場既然跟你我都一樣，他怎麼能當個公正的裁判呢！
假如我跟你跟別人都無法了解彼此的想法，
真的有可能找到一個公正客觀的人來裁斷嗎？

莊子的想法似乎很悲觀，假如這個世界上真的找不到一個公正客觀的標準，那就只能人言言殊，誰也不服誰，這樣天下不就大亂了嗎？

其實，莊子真正要問的是：誰有權力宣稱真理？——是儒家？墨家？道家？還是天主教？基督教？東正教？究竟哪一個教派的真理才是真正的真理？如果每個教派都不願意臣服於另一個教派，又有誰能掌握最終裁決的權力？

我們不妨順著《莊子》舉的例子，再假設一個情況：假如今天有一個儒家學者跟一個墨家學者在這裡，這兩個人都堅定捍衛自己的學派，誰也不服誰；這個時候，如果請他們「交換立場」，也就是請儒家學者去捍衛墨家的思想，再請墨家學者去捍衛儒家的思想——不知道結果會如何？

如果他們願意交換立場，試著站在反方的立場去進行論辯，最後會不會覺得：其實對方的想法也沒有那麼差、而我的想法也沒有那麼好？

每個人的立場本來就不一樣，所以我們根本就不應該用自己的立場，去批判、指責對方的立場。如果我們能尊重不同立場的想法，並承認對方的想法其實與我們自己的想法一樣真實，在價值上都是相等的，並沒有誰高誰低、誰對誰錯的分別；這樣一來，心智的對立結構就開始崩解了，我們會看見自己其實一直被心智所蒙蔽的事實。一旦擺脫「自我膨脹」的毛病，我們的心胸才會真正敞開，變得更加謙卑、更能包容，社會也將更加和諧，不會再黨同伐異了。

敞開心智，安住於「不知」

當莊子告訴我們，世界上其實並沒有單一的「真理」時，他其實是希望我們可以用更加包容的心態去面對各種不同的立場與意見。說句老實話，這個道理並不難懂；如果莊子只是想要告訴我們這麼簡單的道理，那《莊子》這本書不讀也罷。

確實，如果從最低的層次來講，《莊子》只是在告訴我們「換位思考」的重要性。（「換位思考」的意思是：不要以為只有你的想法才是正確的，如果能換個位置，站在別人的立場思考問題，就會發現各種不同的可能。）但如果我們能順著這個脈絡繼續思考，就會進入一個更高的思想層次，觸及心智能力的極限，發現真正的智慧。

我們來看《莊子》書中記錄的一段對話。「齧缺」是個用功的學生，他總是喜歡纏著老師問問題，但他的老師「王倪」卻總是回答「我不知道」，這到底是怎麼一回事呢——

齧缺問乎王倪曰：「子知物之所同是乎？」曰：「吾惡乎知之！」「子知『子之所不知』邪？」曰：「吾惡乎知之！」「然則物『無知』邪？」曰：「吾惡乎知之！雖然，嘗試言之。庸詎知吾所謂知之非不知邪？庸詎知吾所謂不知之非知邪？且吾嘗試問乎女：民溼寢則腰疾偏死，鰌然乎哉？木處則惴慄恂懼，猨猴然乎哉？三者孰知正處？民食芻豢，麋鹿食薦，蝍且甘帶，鴟鴉耆鼠，四者孰知正味？猨，猵狙以為雌，麋與鹿交，鰌與魚游。毛嬙、麗姬，人之所美也，魚見之深入，鳥見之高飛，麋鹿見之決驟。四者孰知天下之正色哉？自我觀之，仁義之端，是非之塗，樊然殽亂，吾惡能知其辯！」

——《莊子．齊物論》

齧缺問王倪說：「你知道普世價值是什麼嗎？」

王倪說：「我怎麼可能知道！」

齧缺又問：「那你知道『你不知道』這件事嗎？」

王倪說：「我怎麼可能知道！」

齧缺又問：「難道『不可知』就是事物的真相嗎？」

王倪說：「我怎麼可能知道！

雖然我也無法確定，但我還是試著跟你討論一下吧：

我說我知道的，會不會其實我不知道？

我說我不知道的，會不會其實我才是知道？

我且問你：

人睡在潮濕的環境久了就會腰痛，罹患半身不遂的疾病，但換了泥鰍會這樣嗎？

人爬到樹上就恐懼發抖，但換了猴子也會這樣嗎？

人類、泥鰍、猴子這三種生物，誰才有資格擔任住宅比賽的評審呢？

人類喜歡吃牛羊狗豬，麋鹿喜歡吃草，
蜈蚣喜歡吃蛇腦，貓頭鷹和烏鴉喜歡吃死耗子，
這四種生物，誰才有資格擔任美食比賽的評審呢？
猵狙喜歡跟猿猴交配，麋喜歡跟鹿當朋友，泥鰍喜歡跟魚一起游泳。
毛嬙跟麗姬，是人類公認最漂亮的女子，
可是魚看見她們就趕緊躲進水底，
鳥看見她們就趕緊飛到天上，
麋鹿看見她們就慌張地逃跑。
這四種生物，誰才有資格擔任選美比賽的評審呢？
從我的角度來看，
仁與義的標準，對與錯的途徑，是如此紛然錯亂、人言言殊，
我怎麼可能知道如何分辨清楚！」

齧缺是一個非常信任心智能力的人，他很想抓住一個確定不移的真理，所以當王倪告

訴他「我不知道真理是什麼」的時候，齧缺就緊抓住這一點：「所以『真理是不可知的』這件事就是真理嗎？」可惜王倪還是告訴他：「我不知道！」

這是個很有趣的討論，每次只要我跟別人談到「其實這個世界上沒有真理」的時候，別人總是會說：「所以『沒有真理』就是一個真理囉？這在邏輯上不就自相矛盾了嗎？可見世界上一定有真理。」但這其實只是心智的把戲。由於心智無法理解虛無，所以它肯定要逼你緊抓某個確定的概念不放，這就是心智運作的邏輯，別被它給騙了！

雖然心智不願意接受「沒有真理」這個事實，但你只要再多想一想，就會發現隨著立場不同，每個人對真理的認知也會不同，從來沒有客觀統一的標準，這才是事情的真相。王倪舉例告訴他，人類覺得住在乾燥的地方才是好，但魚卻覺得住在水中才是好；人類覺得毛嬙跟麗姬是天下最美的女人，但魚、鳥、麋鹿卻被她們嚇得驚慌逃竄。所以「真理」究竟是屬於人類這一邊？還是屬於動物那一邊？誰才能決定「真理」的內容是什麼？

天下有多少不同的立場，就有多少種不同的真理；如果我們認為到處都是真理，實際上也就等於沒有真理。所以到底是有真理呢？還是沒有真理呢？——王倪最後還是只會跟你說：我不知道！

天啊，這是多麼不負責任的態度！難道一句「不知道」就可以解決問題嗎？——我們所受的教育總是告訴我們，遇到不知道的事情一定要想辦法弄清楚、想明白，否則你就是無知的、墮落的；但《莊子》要我們覺察的是：能不能別再「強不知以為知」？能不能承認自己的心智能力是有極限的，敞開心胸接受事物本身的不可知，並尊重與自己不同立場的意見？

我所尊敬的靈性導師．阿迪亞香提（Adyashanti）曾說：

當你發現自己處於頭腦的邊界、當你走到那個了解到自己已經無法在頭腦內走得更深的地方，那麼你會開始停下來，你會開始放下，你開始擁抱這份未知。擁抱未知讓我們變得謙卑，這是件美妙而且美麗的事，它不是喪失尊嚴，而是真正的謙卑。真正的謙卑是一種非常敞開的狀態，那是一種完全對外的狀態，正是從這種完全對外開放與敞開的狀態、從這份願意了解自己其實知道的有多麼少的意願，我們的意識才得以開始轉換。❶

當我們願意承認自己「不知」，且安住於其中，不再患得患失的時候，我們會感到內在升起一股清明，整個思想變得非常靈活，好像可以暫時跳脫一己的立場，不再被狹隘的觀點所束縛住；在那當下，所有的可能性便會浮現出來，這有助於激發我們內在的創造力。這種「不知」的智慧，是現代文明非常難以理解的。

「不知」的智慧

我是個喜歡讀書的人，但我讀書的主要目的並不是為了學習更多知識，而是為了得到深刻的啟發。某些書會讓我有雷擊一般的感受，因為它讓我了解：原來事情不是我所想的那樣！原來我可以從另一個角度去理解！原來我可以選擇走另一條路啊！根深蒂固的想法一旦崩解，就好像全身筋脈被打通一樣，通體舒暢；我的內在會產生一種自發的創意反應，觸類旁通，自行找到解決問題的方法。這就是一個真正獲得啟發的時刻。

一般的老師忙著鞏固你的信念，把你的頭腦塞得愈滿、愈充實愈好，但那些拔除我們

1. 阿迪亞香提：《受苦的力量》，頁105。

信念的人，也許才是真正的老師。所有的老師都在教導你某個知識、某樣道理，想要引領你走上某一條道路，但這很容易讓我們的思維僵化。如果有哪個老師敢拿著球棒敲醒你的腦袋，告訴你完全走錯方向，是時候回頭了——這種老師可能才是我們生命中最重要的貴人，因為他戳破了我們自以為是的假象，打破執迷，還給我們思想上的自由。

為學日益，為道日損。損之又損，以至於無為。無為而無不為。
——《老子．第四十八章》

求學的人一直在增加信念，
求道的人一直在減少信念。
不斷地減少自己的信念，
就不再覺得有什麼事非做不可。

既然沒有什麼事非做不可，
那就得到無所不為的自由了。

這個世界上有很多偉大的哲學著作，所有的哲學家都在說服你接受他的「真理」，但如果有個人告訴你其實「沒有真理」，那些哲學家所說的不過都是個人的偏見，那這個人就超越了哲學家的層次，他是個真正偉大的心靈導師，因為他將自由還給了你。莊子無疑就是這樣偉大的心靈導師。

在哲學上，有一個名詞叫「虛無主義」（Nihilism），只要是宣稱「真理不存在」、「人生沒有終極意義」的思想就會被歸類於此。很有趣的是，通常沒有人會承認自己信仰的是虛無主義，一個虛無主義者好像是個混世魔王，對他來說沒有什麼事不能做，吃、喝、嫖、賭、吸毒都樣樣來也沒關係，反正他認為人生是徹底沒價值、沒意義的，所以墮落到極點也無所謂。如果虛無主義僅僅意味如此，那簡直壞到極點，根本可以說是撒旦的信仰。

但我們所說的「沒有真理」與此截然不同，
「沒有真理」指的是我們不再執著於「真理」了，
我們知道生命其實到處都是真理，
故而不需要執著於其中任何一種。

因此，將「沒有真理」信以為真，仍然是一種偏執；
除非將此信念一併拔除，否則不算徹底的思想自由。

如果我們發自內心領悟到，沒有任何一個特定立場是必須堅守不移的話，對於同一件事，就不只能從某一個角度去觀察它，我們的觀察會同時從每一個角度發生——內與外，上與下，左右四方。當我們清楚知道有幾種方案可供選擇，也清楚知道每個決定意味著什麼的時候，由內而發的創造力自然會讓我們對當下的情境做出最恰當的回應。

因此，道家所說的「無不為」，
並非意味著沒有操守底線，任何齷齪下流的事情都可以做；
而是對於當下情勢的洞察，並保有選擇各種方案的靈活度。

第四課　我殺了我自己

「我」為何該死？

上一課說到，莊子認為世界上沒有單一的真理，所以我們應該敞開心胸，接納各種不同的價值觀，並且承認他們都一樣真實。但是在現實生活中，這實在是很難做得到，我們怎麼可能不去分辨誰對誰錯呢，又怎麼可能完全撇除個人的好惡呢？

這一課要接著探究的是：到底該怎麼做，才能擺脫個人狹隘的立場與觀點？

《莊子》舉了麗姬的故事來說明。麗姬是戰國時期最美的女人，堪稱戰國林志玲——

麗之姬，艾封人之子也。晉國之始得之也，涕泣沾襟；及其至於王所，與王同筐床，食芻豢，而後悔其泣也。

——《莊子．齊物論》

麗姬是艾地封君的女兒，
當晉國國君要迎娶她的時候，
她哭得衣襟都濕了；
直到她走進晉國宮殿，跟國君一起睡在舒適的床上，
一起吃美味的食物，才後悔當初哭泣的行為。

麗姬的故鄉是艾地，那是一個非常小的國家，所以麗姬從小就沒見過什麼世面，她根本不知道這個世界的真相到底是什麼樣；但很奇怪的是，麗姬對於這個世界，竟然存有那麼多根深蒂固的信念！

雖然麗姬從來沒去過晉國，完全不了解晉國首都的生活情況，但她一心相信晉國是個不好的地方，所以當她知道自己要遠嫁晉國時，感到非常傷心難過，哭到眼睛都腫了。想不到等她嫁到晉國之後，才發現晉國的食物這麼好吃，晉國國君這麼帥（堪稱戰國言承旭），生活水準又這麼高，這才發現過去的自己實在太無知了。

我們就像麗姬一樣，對這個世界其實一無所知，卻有著很多根深蒂固的信念。這通通

都是自己狹隘的心智「詮釋」後的結果，不一定是事實，但我們卻全都信以為真，非得要到信念被顛覆的時候，我們才願意接受自己根本一無所知的事實。尼采曾經說過：

沒有事實，只有詮釋。

——尼采《權力意志》

尼采並不是指「事實」不存在。事實當然是存在過、發生過的，不過事實一旦經過人的認知與陳述，就必然帶有個人獨特的理解與詮釋；也就是說，當時的事實已經遠去，只有個人的詮釋留了下來，而詮釋往往已經離事實非常遙遠。我很喜歡用手機的修圖軟體來比喻這種情況：「事實」就好比是原始照片，「心智」是濾鏡，而「詮釋」則是套用過濾鏡的「照騙」。

每個人來到世界上，其實都自帶「濾鏡」，我們總是透過濾鏡在觀看世界、認識世界，並且與他人互動；久而久之，就形成了「我」的觀點，有了一套「我」對整個世界的基本信念。

這就是「我」為什麼該死的原因了。

如果不將「我」給殺死，我們就永遠沒有辦法超脫個人的立場去理解事物，我們會一直被困在自己對世界根深蒂固的想像裡，無法理解不同的價值觀，無法與別人進行有效的溝通。我們會各自堅持己見，互相傷害，至死不休。

用智慧之光，戳破你的「自我」

物無非彼，物無非是。自彼則不見，自是則知之。故曰：彼出於是，是亦因彼。彼是方生之說也。雖然，方生方死，方死方生；方可方不可，方不可方可；因是因非，因非因是。是以聖人不由，而照之於天，亦因是也。

——《莊子・齊物論》

每個事物都有這一面，也都有那一面。
從那一面看不見的，從這一面就看得見了。
所以說：
那一面依附於這一面，這一面也依附於那一面。

對立的兩端是同時並起的。

由此可知：

「生」依附於「死」，「死」也依附於「生」；

「可」依附於「不可」，「不可」也依附於「可」；

「是」依附於「非」，「非」也依附於「是」。

所以聖人不會隨著心智起舞，

而是會讓不同的立場都得到智慧之光的照耀，

這也就是順任的態度了。

《莊子》提醒我們，一個事物本來就有很多不同的面相，不同的意見只是因為從不同的立場觀察，實際上並沒有誰對誰錯。因此，一個有智慧的人絕對不會盲從自己的心智，他會意識到自己的想法都是不一定的、都是有可能會變的，現在大家覺得是正確的道理，搞不好十年後就變成錯誤的；一個人如果意識到心智能力有它的極限，他的心胸才會開放，才有可能聽進別人說的話，避免染上「自我膨脹」的毛病。

所以，「聰明」跟「智慧」其實是兩種完全不一樣的東西。「聰明」的人容易自以為是，覺得自己的想法最好、最正確；而「智慧」的人卻是低調謙卑的，他經常承認自己「不知」，且隨時準備放下自己的想法，接受新的思想觀念。

《莊子》說，這種「不知」的智慧，是一種取之無禁，用之不竭的寶藏；並且以上古聖王「堯」的故事為例，告訴我們該如何用智慧，戳破自我的迷障——

故知止其所不知，至矣！孰知不言之辯，不道之道？若有能知，此之謂「天府」。注焉而不滿，酌焉而不竭，而不知其所由來，此之謂「葆光」。故昔者堯問於舜曰：「我欲伐宗、膾、胥敖，南面而不釋然。其故何也？」舜曰：「夫三子者，猶存乎蓬艾之間。若不釋然，何哉？昔者十日並出，萬物皆照，而況德之進乎日者乎！」

——《莊子・齊物論》

如果一個人能安住於「不知」之中，
那他就達到最高境界了！
無聲的論辯，無言的真理，
有誰能夠理解？
理解的人就會知道，
那是每個人與生俱來的「寶庫」。

這個寶庫，就像大海一樣，
不管怎麼灌注都不會滿溢，
不管怎麼飲用都不會枯竭，
但卻無法知曉其源頭何在，
這就是所謂「低調的智慧之光」。

所以當初堯曾經問舜：

「我想征伐宗、膾、胥敖三個小國，南面稱王，卻感到內心有點不舒服，這究竟是什麼緣故？」

舜說：

「那三個小國，只不過是尚未開化的小部落。您心中感到不舒服，是什麼緣故呢？從前十顆太陽一起照耀大地，將萬物都烤得枯黃焦爛，您現在的德行已經比十顆太陽更旺盛了，您覺得這會導致什麼樣的結果呢！」

我們都知道，堯是一個德行崇高的聖王。在這個故事中，堯本已統一天下，但他仍想繼續開疆拓土，去征伐邊境的宗、膾、胥敖三個小國，讓那些地區的人民都能接受「文明」的教化。這三個小國似乎都是尚未開化的原住民部落，沒有什麼文化，應該可以手到擒來；但堯在出征之前卻感到心裡有點不舒服，不知道這種感覺是從何而來？所以他只好諮詢自己的大臣舜。

舜告訴他：雖然您是個很有道德的國君，但不同文化的人，想法是不會一樣的，也許您認為統治那三個小部落是對他們好，但那三個小部落的原住民可能根本就不想被統治！如果您真的以為自己德行崇高，全天下的人都會對您心悅誠服，豈非太過自以為是？請您想想看，現在天上只有一顆太陽，萬物都已經覺得夠熱了；如果天上出了十顆太陽，豈不把人都烤焦了？所以，任何人都不該把自己的價值觀給無限上綱。

當然，堯的德行非常崇高，他的出發點是善意的，就是想要教化那些偏遠地區的原住民，讓他們接受「文明」的洗禮。但這會不會只是他的一廂情願？他太自戀了，他以為這樣做是給別人的恩賜，殊不知別人根本就不想要這種恩典。

堯心中那一陣不舒服的感覺，其實就是「智慧之光」。《莊子》認為，這種智慧之光是每一個人都有的，不管你是個多麼自我膨脹的人，在人生的某些時刻，應該也會有內心的聲音告訴你，也許自己的想法是有問題的吧？如果你聽到了這個內在的聲音，可能會開始自我懷疑，不知道到底該怎麼做才好？

《莊子》認為，在你不知該如何是好的時候，也許可以不要急著找答案，因為這就是一個反觀內在、安住於當下的契機。你一旦持續探問，便會發現自己的心智能力非常狹隘，而當你走到心智的裂縫之處往外一看，便會找到一個廣大而寂靜的空間，它不需要論辯，不需要言說（需要論辯與言說的是你的心智）。雖然我們的心智總是喋喋不休，但是在心智的底層，還有一個廣大寂靜的空間，那是一個從來不曾被你注意過的地方，心智就是在這個空間裡升起又幻滅的，那就是《莊子》所謂的「寶庫」。「智慧之光」即由此而來。

「寶庫」在哪裡？

莊子認為，每個人的內在都有一個「寶庫」，這個寶庫就像大海一樣，取之無禁、用之不竭，而且永遠也填不滿。也就是說，只要我們能找到這個寶庫，就能擁有無限的智慧，去處理世界上所有的問題。那麼，這個「寶庫」指的到底是什麼東西？我們體內真的有這個「寶庫」存在嗎？

其實，「寶庫」不是一個東西，它是一個廣大而寂靜的空間，是我們內在的原初靜定。平時，我們的心智總是喋喋不休，它一直在說服我們相信它的判斷：這是對的、那是不對的；這是好的、那是不好的；這是正確的，那是錯誤的；這是可信的，那是不可信的⋯⋯。只要你仔細觀察，你會發現我們的內在竟然沒有任何一秒是安靜的。

當我發現這一點的時候，實在是覺得不可思議。怎麼可能呢！我不是可以操控我自己的心智嗎？我不是應該可以決定我自己的每一個念頭嗎？但實際上，我們並沒有這種決定權。當我痛苦到不行的時候，沒辦法控制我自己的念頭，讓自己好過一點；當我開心到得意忘形的時候，也沒辦法讓這種雀躍之情立刻消失，回歸到穩定而謙卑的狀態。我發現，我竟然是自己的奴隸。原來我沒有一刻是自由的。

於是我開始學習禪定，試圖進入深層的靜定狀態，但我從來沒有成功過。因為愈是想要安靜下來，就愈會一直告訴自己：「安靜！」「安靜！」「安靜！」——吵死了！這樣怎麼可能安靜下來啊？我發現，我們真的無法讓自己的念頭止息，哪怕一秒鐘也好，都不可能。

某一天，我一個人在禪定的過程中，感到無限的挫敗；我想，乾脆放棄好了。我記得當時自己躺在地上，握緊拳頭，四肢僵硬，宛如困獸一般無助。那時心中突然浮現一個奇異的想法：「好吧，我決定不跟你抵抗了，我現在已經死了，看你還能拿我怎麼樣！」

我默默告訴自己：你已經死了，你已經是個沒有靈魂的人了，你再也不住在這個軀殼裡。我感到自己的拳頭漸漸鬆開，四肢也失去了力氣，整個人像洩了氣的氣球一樣，全然癱瘓在地板上；我好像失去了身體的掌控權，我可以感到身體中的血液及能量在自行流動，但我控制不了它們。

我從來沒有過靈魂出體的經驗，而這也確實不是靈魂出體，我的神智還是很清晰，我知道我還住在這個軀體裡，唯一不同的是我失去了一種「中心感」。我感到身體各個部位都有自己的生命力，它們是各自獨立的，不再是屬於「我」的東西；同時，我的心智雖仍在喋喋不休，但它似乎已經不站在發號施令的位置上，它就像個討人厭的醜陋嬰兒一樣在旁邊大哭大叫，但我完全不受它影響。

頓時，我的心中升起一股恐懼。我好像真的失去了我的身體，我好像真的已經死了；我好害怕我的身體就這樣各自散去，從此無法再回收於我。

我想起，《莊子》對這樣的狀態曾有過詳細的描述：

墮枝體，黜聰明，離形去知，同於大通，此謂坐忘。
——《莊子．大宗師》

砍斷你的四肢，
遣散你的思想，
將形體與心智都拋開之後，
就能跟宇宙大化融為一體，
這就是所謂的「坐忘❷」。

值得注意的是，當我失去了「中心感」之後，我的心智就像是個斷線風

2. 「坐忘」的意思是「因為忘而忘」，也就是不為任何目的，沒有任何原因，也沒有任何預兆，純然地「忘」。就是在當下此刻，讓「我」的意志完全消失，連「忘」的人都「忘」了自己正在「忘」，才是真正的「忘」。

箏，它自顧自地運轉，並漸漸遠去，而我仍然感到非常靜定。我變成一個旁觀者，什麼事也沒做，就只是讓一切自行發生，讓身體自行運作，也讓思想自行運轉；正當我完全不涉入它們的時候，神奇的事發生了：我發現它們再也束縛不了我。

在恐懼的情緒散去之後，
我感到前所未有的放鬆。
這是我從未有過的體驗。

——我終於找到了我內在的「寶庫」！原來我的內在一直都存在著這個無形無象、無以名狀的原初靜定。平時我們根本意識不到它的存在，那是因為心智一直瘋狂地喋喋不休，把我們的注意力給吸引過去罷了；只要我們別再隨心智起舞，往後退一步，就會發現自己原來一直都置身於這片廣大的原初靜定之中，無須爭辯，亦無須言說。

我殺了我自己

《莊子．齊物論》開頭就說了這樣一個故事：

南郭子綦隱几而坐，仰天而噓，嗒焉似喪其耦。顏成子游立侍乎前，曰：「何居乎？形固可使如槁木，而心固可使如死灰乎？今之隱几者，非昔之隱几者也。」子綦曰：「偃，不亦善乎？而問之也！今者，吾喪我，汝知之乎？」

——《莊子．齊物論》

南郭子綦靠著小茶几靜坐，仰起頭吐了一口氣，整個肉體都癱瘓了，宛如靈魂出體。

他的學生顏成子游正在旁邊服侍，

他說：

「老師你出了什麼事？

雖然形體可以像槁木一樣靜止不動，

難道心智也可以像死灰一樣波紋不起嗎？

現在的老師，不是平常的老師。」

南郭子綦說：

「子游啊，我這樣的狀態不是很好嗎？

何必有此一問！

現在，我已經殺了我自己，你難道不明白嗎？」

南郭子綦整個人像死了一樣，進入「形如槁木，心如死灰」的狀態。這形容詞聽起來雖然很負面，但實際經歷才會發現這是個再美妙不過的經驗了；這表示南郭子綦完全失去思考與行動的中心點，不再受虛假的「我」所擺布——他已經殺了「自我」，回歸於生命最原初的靜定，找到真正的依止之處。

南郭子綦接著教導他的學生，在他殺了虛假的「自我」之後，他聽見了一種美妙的音樂——他稱之為「天籟」，用白話文翻譯就是「宇宙的簫聲」。

（南郭子綦曰：）「女聞人籟而未聞地籟，女聞地籟而未聞天籟夫！」子游曰：「敢問其方。」子綦曰：「夫大塊噫氣，其名為風。是唯無作，作則萬竅怒呺。而獨不聞之翏翏乎？山林之畏佳，大木百圍之竅穴，似鼻，似口，似耳，似枅，似圈，似臼，似洼者，似污者；激者，謞者，叱者，吸者，叫者，譹者，宎者，咬者，前者唱于而隨者唱喁。泠風則小和，飄風則大和，厲風濟則眾竅為虛。而獨不見之調調、之刁刁乎？」子游曰：「地籟則眾竅是已，人籟則比竹是已。敢問天籟。」子綦曰：「夫吹萬不同，而使其自己也。咸其自取，怒者其誰邪！」

——《莊子．齊物論》

南郭子綦說：

「你聽過人類的簫聲，卻沒有聽過大地的簫聲；

你聽過大地的簫聲，卻沒有聽過宇宙的簫聲。」

子游說：

「請老師再說明一下。」

南郭子綦說：

「大地吐出了氣息，我們稱之為『風』。

不颳則已，一旦颳起，所有的孔竅都會發出聲音來。

你沒有聽過颳風的聲音嗎？

那高低不平的山穴，百圍大木的孔竅，

有的像鼻子，像嘴巴，像耳朵，像瓶子，像杯子，像舂臼，像池塘，

像窪地；

（當風吹過這些孔竅的時候，）

它們會發出濺水聲、射箭聲、咆哮聲、吸氣聲、吶喊聲、哭叫聲、歡

笑聲、哀歎聲。

前面的先發出『吁』的呼聲，後面的就發出『喁』的呼聲回應它。

小風的回音比較小，大風的回音比較大，

如果風停止了，所有的孔竅也就回歸於寂靜。

但你難道沒有聽見樹上的枝葉搖曳、擺動的聲音嗎？」

子游說：

「（根據老師剛才的說明，）

大地的簫聲是通過孔竅發出來的，

人類的簫聲是通過樂器發出來的。

宇宙的簫聲又是從何而起？」

南郭子綦說：

「聲音雖然各不相同，

但宇宙都會讓它們如是展現。
它們全都是憑空自行升起的，
宇宙怎麼可能去鼓動它們呢！」

我們長久生活在人類社會中，已經習慣聽各種樂器演奏的曲調，不知道原來大自然的各種聲響本身就是一首偉大而豐富的曲調；但就算我們能欣賞大自然演奏的曲調，我們還是無法聽見那在一切曲調背後，使各種聲音能如是展現，而不受任何干擾的「背景音」——純然的寧靜。

《莊子》說這個故事，無非是想邀請各位注意到「寧靜」的重要性。如果你想建一座音樂廳，最重要的就是隔音設備；音樂廳裡必須維持絕對的寧靜，否則就算是最偉大的音樂家都無法演奏任何樂曲，因為他會備受噪音的干擾。

你會發現，雖然「寧靜」什麼也不是，但它卻是所有樂曲的基礎。一旦失去了「寧靜」，將沒有任何樂曲能夠存在，所以「寧靜」是最偉大但也是最容易被輕忽的。

「宇宙」，就是這一份最偉大的寧靜。「宇宙」本身就是個廣大而寂寥的空間，它像女人的子宮一樣，在這浩瀚無際的空間裡孕育著萬物，讓萬物在這個舞臺上自行展演、自行生滅，絲毫不受任何干擾。

南郭子綦說，當他殺了虛假的「自我」之後，他與宇宙之間的那一層阻隔終於被移除；他發現自己的內在早就擁有了這一份廣大的寧靜，他其實一直與宇宙共享著這份絕對的寧靜，只是平時由於心智太過喧鬧，所以沒有察覺到而已。一旦我們能安住於這份寧靜之中，就能聽見最原初、最真實、最不受干擾的樂音，這也就是所謂的「天籟」了。

「人籟」必須由「人」吹奏，
「地籟」必須由「風」吹奏，
「天籟」則不需任何吹奏者，
它只是讓一切憑空而起，如其所是而已。

天籟，就是無聲之聲。
真我，即是無我之我。

如果我們不再緊緊揪住「我」這個中心點，而是放手讓一切的想法與情緒自行展現的話，在這種「解離」的意識狀態中，可能會驚訝地發現：原本我一直以為是「我」在思考，是「我」在感受，但原來不是！我的思考與感受純粹是自行發生的——我沒辦法叫自己不要再思考，也沒辦法叫自己別再傷心、別再憤怒——原來我對自己內在發生的一切完全沒有掌控權！所以這絕對不是「我」。

「我」不是那喧鬧不停的心智，也不是奔騰澎湃的情緒感受，原來「我」一直錯認了自己；一旦發現這個事實，那個無限膨脹的「我」就會自行爆破，因為它本來就不存在。

雖然，我們的心智仍然喋喋不休，情緒也總是奔騰澎湃，但我們已經能從一個「旁觀者」的角度來處理它了，不必再受到它的擺布。當我們不再受到「我」的束縛，對於事物的各種評價似乎也變得不那麼絕對，我們終於能開始學會去欣賞不同的立場，聆聽不同的意見，也漸漸能接受自己與事物原原本本的樣子。

這就是《莊子》所說的，是聆聽「天籟」的感受。

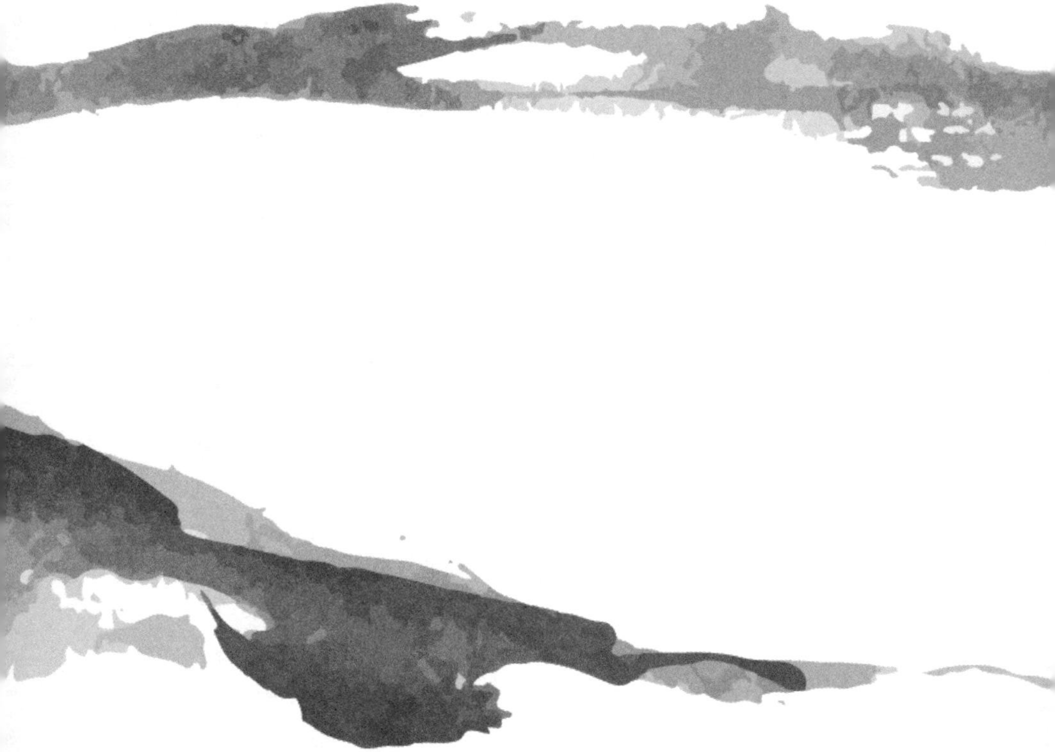

第五課　誰在做夢？

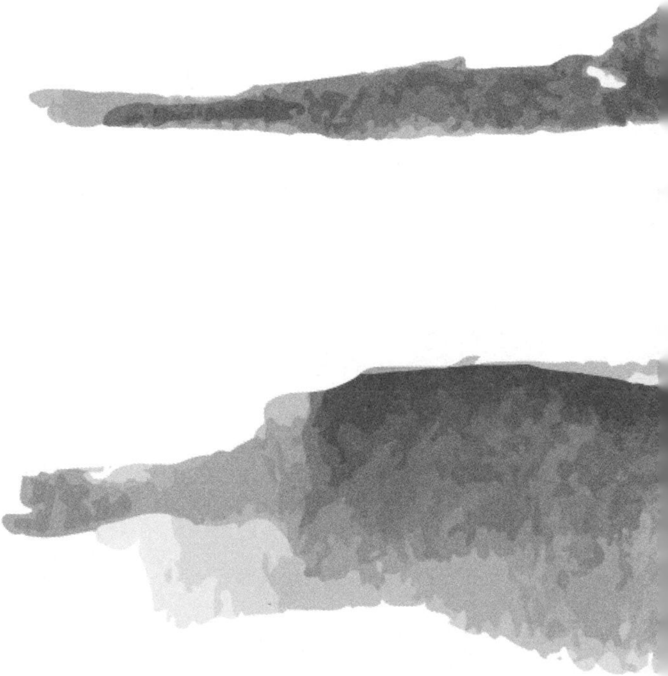

昔者莊周夢為胡蝶，栩栩然胡蝶也，自喻適志與，不知周也。俄然覺，則蘧蘧然周也。不知周之夢為胡蝶與，胡蝶之夢為周與？周與胡蝶，則必有分矣，此之謂物化。

——《莊子．齊物論》

曾經，我夢見自己是一隻蝴蝶，
我以為自己真的是隻蝴蝶，
我覺得這就是我要的人生，
當時完全不知道莊周是誰。
突然醒過來後，
才確信自己原來是莊周。
不知道是莊周夢見了蝴蝶，

還是蝴蝶夢見了莊周？
莊周與蝴蝶的想法，
肯定是截然不同的，
這就叫做「物化」。

莊生曉夢迷蝴蝶

我們終於來到《莊子》一書中最膾炙人口的橋段——「莊周夢蝶」。這個故事幾乎人人都能朗朗上口，但卻沒幾個人真正明白這個故事的寓意。

這不是老掉牙的「桶中腦理論❸」，不是在心智或語言的層次上思辨「我」是不是活在虛擬實境中。《莊子》藉由「夢蝶」一事所要指出的是：儘管我們陷在夢境狀態中，但夢境本身仍為我們提供了「覺醒」的可

3. 桶中腦理論：哈佛大學已故教授希拉蕊．普特南（Hilary Whitehall Putnam）於 1981 年提出「桶中腦」理論，這是一個純粹假設性的哲學問題：我們有沒有可能只是在實驗室中的一顆大腦，而我們所感知到的一切其實不過是科學家傳輸給我們的虛擬實境？在這個虛擬實境中，我們不可能對於「真實」有任何的認知，因為一切所思所聞盡皆是假，真理指數完全為 0%。普特南最後是以語言哲學來為此困境解套，簡單來說，他認為當桶中腦能夠意識到自己可能是個桶中腦的時候，這個真理指數 100% 的想法是不可能在真理指數為 0% 的世界中出現的，兩者在邏輯上彼此互不相容，是個悖論。由此可知，能夠意識到自己可能是個桶中腦的我們，不可能真的是桶中腦。（好，如果你看不懂也沒關係。）

能性；也就是說，夢境雖然讓我們陷入沉睡，但夢境本身就是拆穿夢境的殺手，只要我們深刻凝視夢境，夢境就會自行崩解。

讓我們一起來讀這個故事：有一天，莊子夢見自己是隻蝴蝶，他完全認同蝴蝶的身分，過得非常快樂，根本不知道有莊子這個人；等到他從夢中醒來，才赫然發現自己不是蝴蝶，原來剛剛經歷的一切都是假象，毫無意義。

好了，現在莊子已經醒過來了，他知道自己不是蝴蝶，而是莊子，這個故事總該結束了吧！——但沒有，真正的故事從現在才開始。

莊子他開始糊塗了，剛剛他才「全心全意」認為自己是蝴蝶，而現在他正「全心全意」認為自己是莊子，但這有沒有可能又是另一個夢境？會不會等一下他突然醒過來，才發現自己仍然是個蝴蝶，或者又換了其他身分？

「蝶夢」是莊子人生中突然綻開的一道裂隙，從裂隙中滲透進來的智慧之光，將莊子從沉睡狀態中徹底喚醒。如果莊子忽略了這個夢所傳遞的訊息，轉過頭去繼續過他的人生，那他就是選擇沉睡下去，在種種喜怒哀樂的漩渦中翻滾轉動，不能自已。

所謂「沉睡」就是活在自己所「信以為真」的世界中。為了在這個世界上生存，我們在成長過程中給自己灌輸了太多信念，比如：

什麼是愛、什麼是恨
什麼是生、什麼是死
什麼是對、什麼是錯
什麼是好、什麼是壞
什麼是正義、什麼是邪惡
什麼是幸福、什麼是悲慘
什麼是成功、什麼是失敗
什麼是自由、什麼是束縛
……

我們就是靠這些信念在過活，而且活得轟轟烈烈、有聲有色。舉個例子來說，從小我就從童話故事裡學到，每個人的一生都會找到真愛，而且一定要找到真愛才會過得幸福美滿，一個人過活是孤獨可悲的；於是長大後我就尋尋覓覓，每次都以為自己找到了，但想不到只是一場幻夢，我總是為此心碎，且日日惶恐不安，覺得自己一生都不可能得到幸福，肯定會度過一個孤獨、悲慘的晚年。而且不只我這麼相信，我身邊所有的人、所有的電影電視、所有的小說故事，通通都是這麼相信的。我以為這就是真的。

但這不是真的。我歷經無數次的心碎與絕望之後，才終於可以肯定：我完全可以自己一個人過得很好，且不留下任何缺憾。

我們的生活無時無刻都在戳破我們自以為是的假象，只是我們一直不願意去看，不願意去聽，也不願接受現實的忠告，寧可相信自己的判斷才是正確的——這簡直是一種瘋狂！就好像別人不斷叫你起床，而你卻不願意醒，堅持要活在夢中，在夢中哭得撕心裂肺，在夢中痛苦得大叫，不管怎樣都好，就是只想繼續沉睡，不要醒過來。

我們以為自己活在一個穩定的世界，以為明天醒來太陽依然會升起，身邊的一切也會照舊運行。我們以為，自己所擁有的東西，真的是我們所擁有的；以為我們是自主的，可以掌控自己的人生。因為這種「穩定」的幻覺實在太美妙、太不可思議了，除非我們的生活真的遭逢劇烈的變化，完全逸離我們的掌控，否則幾乎每個人都這麼想：「我能掌控自己的人生」、「只要我再努力一下、堅持一下，就可以得到我所想要的」……

有些時候，你幾乎是被迫承認你無法控制生活，尤其是發生意外的時候，或是重要的人事物突然消失的時候；你陷入痛苦的漩渦，完全無法接受事實，因為這根本違背你能「控制得住」的信念。我發現，愈聰明的人，他就愈不能接受自己活在假象世界的事實，因為他太能控制，他只要運用自己的小聰明，就能讓一切都順著他的想法運作。這樣的世界怎麼可能會是假的呢？

「莊周夢蝶」的故事告訴我們：無論看起來再怎麼真實，假的東西就是假的，它總有一天會被拆穿；只要你凝視它凝視得夠久，它就會露出破綻，並自行崩解。就算面對這個世界上最堅不可摧的東西——我們那些根深蒂固的信念——也是如此。

「沉睡」指的就是我們不願意真的睜開眼睛去看、去思考，只想躲在用信念築起的銅牆鐵壁裡，過著毫無自覺的生活；而一個神智清明的人，他會願意睜開眼睛，去看看生活究竟要傳達給他什麼訊息，並隨時調整自己的想法。大部分的人都要遭逢極大的打擊才會願意正視現實，而神智清明的人卻無時無刻都在學習「接受」與「放下」的智慧，他可以從生活中細微的失去與離別，就學會如何面對摯愛之人離去或面對自身罹患絕症的方法。

無法逃離的夢境

> 夢飲酒者，旦而哭泣；夢哭泣者，旦而田獵。
>
> ——《莊子．齊物論》

夢見自己飲酒作樂的人，醒來之後卻傷心哭泣；

夢見自己傷心哭泣的人，醒來之後卻痛快打獵。

這是一個很有趣的現象：當我們在做夢的時候，根本不知道自己在做夢，我們會整個人投身在夢境中，隨著夢中發生的事而歡喜憂愁，不能自拔；等到醒過來之後，發現夢中的一切都是虛假的，我們的情緒也就不會再被影響了。

這裡的重點是「情緒」。當我們以全身心去相信某件事情是真實發生的時候，就無法掌控自己的情緒，情緒會自己揪住被它信以為真的情境，把我們整個人丟進情緒化的漩渦之中，完全控制不住自己，除非我們以全身心覺察到這不是真的。若想覺察到這不是真的，最好的方法當然就是「醒過來」，但是《莊子》說：我們真的有辦法從夢中「醒過來」嗎？

> 方其夢也，不知其夢也。夢之中又占其夢焉，覺而後知其夢也。且有大覺而後知此其大夢也。
>
> ——《莊子・齊物論》

當他在做夢的時候，不會知道自己在做夢。
他在夢中又做了一個夢，覺醒之後才知道自己在做夢；
當他有了真正的覺醒之後，才會知道這個覺醒其實也是一場夢。

《莊子》提出了一個「夢中夢」的可能性，請想想看：A醒過來發現自己是B，B醒過來發現自己是C，C醒過來發現自己是D，D醒過來發現自己是……

然後你會赫然發現：夢境完全可能是一層疊著一層的，此刻的清醒不過是進入另一個夢境而已，原來「清醒」本身也是夢境的一部分！

只要還擁有一個身分，我們就仍然在夢裡；也就是說，除非完全消亡、進入寂滅，否則我們不可能真正「醒過來」。人生就是個無窮無盡的夢，而我們永遠不可能逃離夢境，而是會一直在夢境狀態中，經歷永劫輪迴……

真是太絕望了。

而愚者自以為覺，竊竊然知之。君乎，牧乎，固哉！丘也，與女皆夢也；予謂女夢，亦夢也。是其言也，其名為弔詭。萬世之後，而一遇大聖知其解者，是旦暮遇之也。

——《莊子・齊物論》

但是愚笨的人往往以為自己醒過來了，
總是一副沾沾自喜、好像什麼都知道的樣子，
（就像孔子一樣，）滿口說著君子臣民的大道理，實在是固執到了極點。
其實孔子跟你都在做夢，就連我說你在做夢，這件事本身也是夢。
這番自相矛盾的言論，就是所謂的「弔詭」。
在萬世之後，如果遇到一位大聖人，解開我所說的這番道理，
大概就像從早上等一個人，到晚上終於等到了的那種心情吧！

儘管不可能真正擺脫夢境狀態，但我們仍會在許多生命的時刻感覺到真正的「覺醒」——當你以全身心感覺到這是個虛假的世界，也感覺到自己並非真實的自己時，在得到全然自由的那當下，你就進入了「覺醒」狀態。但很多人在經歷過覺醒狀態後，便會緊揪住這個覺醒的經驗不放，他會以「覺者」自居，變得非常自我膨脹，急著想告訴所有人他已經覺醒，甚至想把自己領悟的道理施加在別人身上，以指導別人的人生為己任。有很多大師與尊者之類的人物都是這樣產生的，這種人試圖以覺醒的姿態，在夢境狀態中為自己找到一個明確的定位，這樣的行為反而證明他並不清醒。

《莊子》舉例說，孔子就是這樣的人，整天嘴裡說什麼君臣父子、人倫大義，好像是個無所不知的大師，但他其實才是在夢境狀態中陷溺最深的人。一個真正覺醒的人會清楚意識到自己仍在夢中，就連自己的覺醒也是一場夢，如過眼雲煙一般從不執著於此，自然更不會以「覺者」自居，試圖去指導別人的人生了。

《莊子》說：「就連我說你在做夢，這件事本身也是夢。」——既然在夢境中，沒有任何事情是真實的，道出「真相」的這一句話當然也不能信以為真。《莊子》的意思是，假如你真的知道自己在做夢的話，你會知道自己所領悟的一切都只是關於夢境；即使對夢境而言是百分之百的真理，它也毫無真實性可言，因為一旦離開了夢境，它就什麼都不是了。

因此，我們要鄭重澄清以下的觀念：

「覺醒」不是指某一個人脫離了夢境，回到真實的世界中。

「覺醒」指的是一種處世態度，他雖然在夢境中，但並不認同這個夢境。他很清楚地覺察到，夢中一切都不真實，包括他「自以為清醒」這件事。

關鍵不在解除夢境，
而是解除你對夢境的認同。
當你不再認同夢中的一切，
情緒也就不再被夢境牽引，
你將得到真正的自由。

誰在夢莊周？誰在夢蝶？

再回到「莊周夢蝶」的故事。

莊子從蝶夢中清醒了過來，他開始懷疑：究竟是我夢見了蝴蝶，還是蝴蝶夢見了我？——這個問題問的是：到底是誰在做夢？真正的「我」究竟是誰？我想這也是每個讀者迫不及待想知道的答案。

很可惜的是，莊子並沒有提供解答。《莊子》的結論是：

周與胡蝶，則必有分矣，此之謂物化。

——《莊子．齊物論》

莊周與蝴蝶的想法，
肯定是截然不同的，
這就叫做「物化」。

站在莊子的立場，莊子肯定覺得自己才是真的，蝴蝶只是夢境罷了；但若站在蝴蝶的立場，牠也會覺得自己才是真的，根本不需要在乎莊子在想什麼。整個問題逼問至此，我們終於不得不懷疑整個故事的前提條件——真的有一個人在做夢嗎？

無論如何，莊子與蝴蝶就是兩個完全不同的個體，彼此互不相容。莊子以為自己才是真的，蝴蝶也以為自己才是真的；但有沒有可能，莊子與蝴蝶都是假的，或者，兩個都是真的？

如果終究沒有客觀的標準可以判斷誰真誰假，那這是不是表示：其實根本就沒有一個人在做夢？

真正的「覺醒」就是：體悟到自己不是莊子也不是蝴蝶，而是那無形無相、無法被定義的「虛無」。莊子想怎樣就怎樣吧，蝴蝶想怎樣就怎樣吧，那都與真實的我無關；不過真實的「我」究竟是誰呢？——我不知道，因為「我」即是那無可界定之「虛無」，我不知道如何描述自己，也不介意我自己究竟是誰，所以若一定要說我是莊子或蝴蝶，我也不會否認，我願意接受一切可能性。

由於根本沒有「我」，所以也可以說「無我」就是「真我」。但「真我」這個詞很容易讓人誤以為有一個真實的「我」存在，並非如此；「無我」就是「沒有我」，「我」並不存在，「我」只是純然的空無罷了。只有純然的空無才能接受一切變化、一切可能性，這也就是《莊子》所說的「物化」——隨著事物變化。

如果「覺醒」就是覺察到「原來沒有我」，
那我們也可以說，根本沒有「人」會覺醒。

莊子不會覺醒，
蝴蝶也不會覺醒。

莊子與蝴蝶都是舞臺上的角色，
而覺醒就是離開舞臺。
離開舞臺之後，
莊子與蝴蝶就不復存在。
那會留下什麼呢？
只留下無盡的虛無。

忘年忘義，振于無竟，故寓諸無竟。

——《莊子·齊物論》

忘記了生死的分別，
忘記了對錯的分別，
如果一切都是起於虛無，
那我們就安住於虛無吧。

課外閱讀　你的世界是一場夢

《神祕的陌生人》是馬克．吐溫（Mark Twain）的最後一本著作，沒有明確的定稿，因而有許多不同的版本。

這本書的主角是一位平凡的孩子西奧多，他有一天在樹林中遊蕩時，遇見一位名為「撒旦」的天使。撒旦雖然有無限的法力，卻總是冷眼旁觀村中發生的所有事情；主角曾經哀求他救救村中的某些人，但撒旦不是殺了他們，就是讓他們發瘋。

撒旦說，人類活著只會遭受更多苦難，死了才是真正的解脫；如果人類想要得到永恆的快樂，最快的方法就是讓他們發瘋，一輩子活在幻想之中。

本書的結尾極為精彩，也對於我們理解《莊子》非常有幫助。我們節錄如下：

一年之內，撒旦繼續現身，但次數比較少了，然後有很長一段時間，他完全沒有出現。這總是讓我感到孤獨與鬱悶。我覺得他對我們的小世界失去興趣了，隨時可能完全放棄來訪。有一天，當他終於來找我時，我非常欣喜，但為時甚短。他說，他是來道別的，而且是最後一次。他在宇宙的其他角落有一些研究、一些工作要做，會讓他忙碌好一陣子，在我有生之年也許等不到他回來。

「你要離開，再也不回來？」

「是的，」他說，「我們合作了很久，很愉快——對我們雙方而言都很愉快，但現在我必須走了，我們不會再見面了。」

「此生不會，撒旦，但來世呢？我們當然可以在來世相見吧？」

然後，他平靜、嚴肅地說出了他的答案：「沒有來世。」

一股微妙的力量從他的心吹進我的心，帶來一種隱約、模糊，但充滿祝福與希望的感覺：那不可思議的答案也許是真的——甚至必然是真的。

「你從來沒有懷疑過嗎，西奧多？」

「沒有，我怎麼會懷疑？但就算可能是真的——」

「是真的。」

我胸中湧現一股感激之情，但將它化為言語之前，我有個疑問，於是我說：「但是、但是……我們見過來世，且實際看到它，所以——」

「那是幻象，並不存在。」

我因為滿懷極大的希望，幾乎喘不過氣來。

「幻象？幻——」

「生命本身只是一個幻象，一場夢。」

真是宛如雷擊。天啊！我心中這樣想過不下千次！

「沒有任何東西存在，全都不存在，一切都是夢。上帝、人類、世界、太陽、月亮、星辰——一場夢，全都是一場夢，全都不存在。沒有任何東西存在，除了空虛的空間——還有你！」

「我⁉」

「你也不是你——你沒有身體、沒有血、沒有骨頭，只是一個思想。我自己就不存在，我只是一場夢——你的夢，你想像力的產物。一會兒之後，你就會明白這一切，然後把我從你的幻象中驅逐，我就會消失於空無之中，那個你從中創造出我的『空無』……

「我已經開始消散了，我愈來愈弱。我正在消失。一會兒之後，你就會獨自一人處在一個無邊的空間，在無盡的孤獨中逍遙遊放，沒有任何朋友——因為你將繼續是個思想，唯一存在的思想，本質上無法消滅也無法摧毀。但是我——你卑微的僕人——已經讓你知道你自己的真相，讓你自由。去做其他的夢吧，更好的夢！

「奇怪！你多年前——幾個世紀前、幾個時代前、萬古之前——本不應該懷疑的，因為你已經孤獨地存在了很漫長的時間。真的很奇怪，你本不該懷疑你的宇宙中的所有一切都只是個夢、幻象、虛構！奇怪，因為它們是如此明顯而極端的瘋狂，就像所有的夢一樣——

「上帝要創造好孩子跟壞孩子一樣容易，卻寧願創造壞孩子；可以讓他們每一個都快樂，但卻沒做出任何一個快樂的；讓他們珍惜苦難的生命，卻又吝嗇地隨意取回；讓祂的天使們毫不費力就得到永恆的幸福，卻要祂其他的孩子努力爭取才有；給予天使毫無痛苦的生命，卻詛咒其他孩子染上心靈與肉體的惡疾；宣揚正義，卻創造地獄——宣揚仁慈，卻創造地獄——宣揚黃金法則、七十個七次的寬恕，卻創造地獄；對其他人宣揚道德，卻又不用在自己身上；不贊成犯罪，卻犯下所有的罪；不打一聲招呼就創造了人類，然後又試圖將人類作為的責任推到人類身上，而不是光榮地擔負起責任；最後，帶著全然神聖的遲鈍，邀請這個可憐的、受虐的奴隸來崇拜祂！

「現在你應該知道，這些事情只有在夢中才能發生。你了解它們是純粹而幼稚的瘋狂，一個並未察覺自身異常的想像力的愚蠢產物——簡言之，它們是一場夢，而你是創造者。夢的記號隨處可見，你應該更早認出來。

「我告訴你的是真的：沒有上帝，沒有宇宙，沒有人類，沒有塵世，沒有天堂，沒有地獄。一切都是一場夢，一場可笑而愚蠢的夢。沒有任何東西存在，除了你，而你只是一個思想——一個遊蕩的思想，一個無用的思想，一個無家可歸的思想，在空虛的永恆中孤獨地遊蕩著！」

他消失了，留下我目瞪口呆。因為我知道，且領悟到，他所說的一切都是真實的。

第六課　無心無情

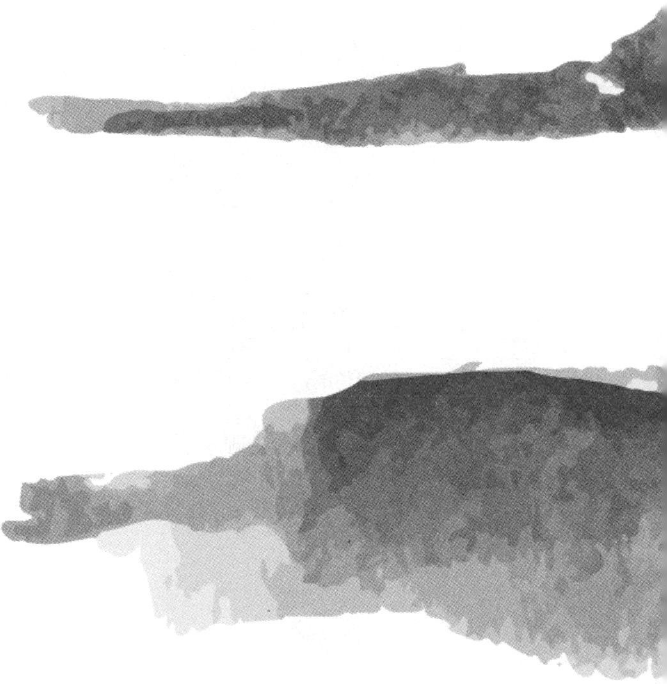

沒有「不公平」

上一課已經說過，對《莊子》而言，每個人都活在夢中，而夢中的一切都不真實，沒有任何意義，這實際上是要解除我們對於夢境狀態的執著。如果我們從個人的立場超脫出來，不再盲目相信自己對於事物的判斷，我們在處世時就能保有一種清明的智慧，領悟到其實沒有真正的好與壞、多與少、對與錯、得與失。所以《莊子》說：

> 故為是舉莛與楹，厲與西施，恢恑憰怪，道通為一。
>
> ——《莊子．齊物論》

細小的草莖與巨大的樑柱，

醜陋的女人與美麗的西施，

紛繁怪異的諸現象，
在「道」的觀察下，
全都通而為「一」。

也許這種心境很難理解，但我們只需要想像自己身在夢中，不管得到一百萬或是失去一百萬，根本沒有區別，因為得到或失去都是假象，只是我們誤以為真實罷了。儘管在一般人眼中看來，事物各不相同，彼此千差萬異，但在「覺醒」的人眼中，其實一切都是夢，它們在本質上通通都是一樣的，並沒有真正的區別。《莊子》又說：

其分也，成也；其成也，毀也。凡物無成與毀，復通為一。唯達者知通為一，為是不用而寓諸庸。

——《莊子·齊物論》

一旦有所區分，就產生了成就；
一旦有了成就，就產生了毀敗。
若將成就與毀敗給平衡起來，
萬事萬物終將復歸於「一」。

只有大智慧的人
才明白通而為「一」的道理。
他不會迷失於表面上的成敗，

而能安住於日常的事理之中。

我們真的知道什麼是成功、什麼是失敗嗎？從個人的角度看，也許會覺得有房、有車、有錢的人生就是成功，但我們真的知道這個人失去了多少自由與時間才換來這些嗎？如果一個人賺了很多錢但卻失去生命中最珍貴的自由與愛，這樣的成功算得上真正的成功嗎？——如果一個社會只會盲目標舉「成功學」，鼓吹年輕人向大企業家學習，將人生的大好時光用在追逐名利，卻不去思考成功與失敗究竟意味著什麼，那這樣的社會是非常幼稚與可悲的。

如果我們覺得自己得到的少，別人得到的多，我們就會感到不公平；不公平是透過「比較」才產生的，而「比較」必須根據某個標準，但這些標準卻又是我們自己設定的，所以不公平只是我們自以為的幻象罷了。只有從個人狹隘的標準來看，才能確定何謂成功與失敗；從「道」的角度來看，就沒有了，因為那個判斷的標準不在了。

以道觀之，物無貴賤。

——《莊子．秋水》

如果從宇宙的角度來觀察，萬物是沒有貴賤的分別的。

如果我們能覺察到宇宙給我們的一樣多，拿走的也一樣多，那我們就會知道世上根本沒有不公平，公平或不公平都是在某些標準的衡量下才會產生的判斷，而且是一種很表面、很膚淺的判斷。一旦體悟了這一點，我們就可以安住於當下，不再去計較生活中細微的得失與成敗，因為從一個更宏闊的視野看來，那都是沒有真實意義的。

《莊子》舉例說：

勞神明為一，而不知其同也，謂之「朝三」。何謂「朝三」？曰「狙公賦芧」，曰：「朝三而莫四。」眾狙皆怒。曰：「然則朝四而莫三。」眾狙皆悅。名實未虧，而喜怒為用，亦因是也。是以聖人和之以是非，而休乎天鈞[4]，是之謂兩行。

——《莊子．齊物論》

如果耗盡精力去追求表面的齊一，

卻沒察覺到事物內在相同的本質，

這就是所謂的「朝三」。

什麼是「朝三」呢？

有個養猴的老人跟猴子們說：

「早上給你們三升糧食，晚上給你們四升糧食。」

4. 天鈞：這是《莊子》書中極為重要的概念，歷來有各種解釋。一說「天鈞」即「天運」，指宇宙造化的運行；一說「天鈞」即「天均」，指自然均平之理；一說「天鈞」之「鈞」為陶鈞，古代陶工以之轉動製器，象徵圓轉無礙的處世智慧，以此治國即「無為而治」。三解並觀，宇宙無論如何變化，皆大公而無偏私，聖人明乎此，故具備圓轉無礙的處世智慧。

所有的猴子都憤怒不平。

老人隨即改口說：

「那麼早上給你們四升糧食，晚上給你們三升糧食。」

所有的猴子就都滿意了。

表面上與實際上的結果都是一樣的，

但猴子卻有憤怒與喜悅的差異，

順任牠們的想法也就是了。

所以聖人能調和雙方不同意見，

用宇宙的法則去止息一切爭端，

這就是正反皆能通行的大智慧。

養猴的老人一開始提議「朝三暮四」，因為他可以先付少一點的訂金給猴子，等猴子工作結束，確定了工作的成果之後，再把剩下的工資發給牠們，這對老人來說是一個比較有保障的方案。但對猴子來說，「朝四暮三」才是對牠們較有利的方案，因為牠們可以先拿到較多的訂金，在營收上有比較多的保障，才能避免做白工的風險。

在這個故事中，雖然訂金支付多寡根本不影響最終結果（猴子最終就是會得到七升糧食），但是身在不同立場就會有不一樣的堅持，不管選擇哪個方案都會有一方覺得被佔便宜。在這樣的情況下，「覺醒」的人不會計較個人的得失，而是會順任當下的情勢，即使暫時吃一點虧也無所謂，因為他心裡很清楚：無論事態如何變化，宇宙唯一的法則就是「公平」。他並未真正失去什麼。

這不是失敗者的精神勝利法，
不是矇起眼睛，拒絕承認自己的失敗；
而是徹底睜開雙目，看見宇宙運行的法則，
本來就是盛極而衰、剝極而復、「損有餘而補不足[5]」的，
所以不會執著於一時的成敗，而能夠處變不驚、慎謀能斷。

5. 參考《老子．第七十七章》：「天之道，其猶張弓與？高者抑之，下者舉之。有餘者損之，不足者補之。天之道，損有餘而補不足。」（白話翻譯：宇宙的道理，不就好像拉開弓弦一樣嗎？拉到最滿的狀態，它就會反彈回去；彈到最低點的位置，就會再反彈回來。因此，多出來的會被減損，不足的會被補滿。宇宙的道理，就是把多出來的給減損掉，把不足的給補滿。）

因此，有大智慧的人才會明白：
沒有真正的得，沒有真正的失，
沒有真正的成，沒有真正的毀，
在宇宙間，從來就沒有不公平。

你無知
的程度，就是
你相信不公平和悲劇
的深度。
毛蟲稱為
世界末日的東西，
大師稱之為
蝴蝶。

——理查．巴哈（Richard David Bach）《夢幻飛行》

沒有生死

如果宇宙間沒有真正的得失，沒有真正的成敗，那當然也沒有真正的生死。

在理智上，我們可以很容易理解沒有得失、成敗、禍福是什麼意思；但若說到「沒有生死」，一般人絕對無法輕易接受。活著是一件這麼真實的事，我現在就活著，拿著厭世哲學家所寫的書，正在讀這一行文字；而死了就是歸於虛無，沒有人能坐在這裡讀書了，沒有人能在這裡思考「我是否活著」這件事了。「有我」與「無我」的差異如此明顯，怎麼可能沒有生死的分別呢？

是的，確實有一個人正在這裡看書、思考，但要不要把這個人當作「真正的我」，卻可以有不同的選擇，最後達到的結果也截然不同。當你完全認同這個人的身分時，所有的思緒與喜怒哀樂都會被它牽引，你會將這個人的「生」視為自己的「生」，將這個人的「死」視為自己的「死」。就好像看戲的人入戲太深，無法自拔一樣。

但如果我們不再認同這回事呢？如果我們將此生當作一場夢，那這個夢中人是生是死，自然就不會對「我」造成任何影響了。

這真是鬼扯！也許你會這麼想：你要我把這輩子當作一場夢，說起來很容易，那真正的「我」是誰？是誰在做夢？我如何確定自己死了之後會以另一個「我」的身分重生？——如果我能確知「真正的我」是誰，我當然就不會害怕夢中的這個人到底是生是死了——問題就是我不知道「真正的我」是誰嘛！

但答案是沒有「我」。

「真我」即「無我」。

從來沒有「我」活著，也沒有「我」會死去。「我」其實並不存在。如果無法肯定這一點，我們就會永遠困在生死輪迴中無法自拔。

莊子妻死，惠子弔之，莊子則方箕踞鼓盆而歌。惠子曰：「與人居長子，老身死，不哭亦足矣，又鼓盆而歌，不亦甚乎！」莊子曰：「不然。是其始死也，我獨何能無概然！察其始而本無生，非徒無生也，而本無形，非徒無形也，而本無氣。雜乎芒芴之間，變而有氣，氣變而有形，形變而有生，今又變而之死，是相與為春秋冬夏四時行也。人且偃然寢於巨室，而我噭噭然隨而哭之，自以為不通乎命，故止也。」

——《莊子．至樂》

莊子的妻子死了，惠子前去弔唁，莊子卻岔開腳坐著敲打瓦盆唱歌。惠子說：「你和妻子住在一塊兒，她替你撫養子女，如今年老而死，你不哭就罷了，還敲打瓦盆唱歌，未免也太過分！」

莊子說：「並非如此。她剛死時，我怎麼可能不傷心！隨即覺察到，她本來是沒生命的，不只沒生命，還是無形無象的，不只無形無象，連氣息知覺都沒有。在渾沌之中，突然產生了氣息，接著產生形體，然後就有了生命，如今變化而死，這就像春夏秋冬四季的循環一樣。如今，她已安然寢臥於天地巨室，我若嚎啕大哭，就是不了解常理，於是我就停止不哭了。」

你本是那不死不生者，是那無以名狀之虛無，只是在有了形軀之後，你忘記了自己的本相。

清醒地做夢

有人之形，無人之情。有人之形，故群於人；無人之情，故是非不得於身。

——《莊子‧德充符》

雖然有人的形體，卻沒有人的情感。因為有人的形體，所以跟人處在一起，因為沒有情感，所以是非對錯都與自己無關。

一個人如果了解假象，知道假象如何運作，便可以活在假象當中而不受感染。

——蓋瑞・祖卡夫《新靈魂觀》

覺醒的人，就是把自己的人生當成在戲臺上的角色扮演。雖然表面上做著跟大家一樣的事，但他本人不在這裡，所以也不會入戲過深，跟著是非對錯起舞，陷溺在情緒中無法自拔。他將一切視為宇宙的給予，全身心地順任宇宙造化的安排，與之渾然一體；此外，他就沒有自己了。

為了具體呈現何謂「清醒地做夢」，《莊子》舉「孟孫才」為例。孟孫才的母親過世了，他雖然舉辦了喪禮，盡了守喪之道，但面對至親的死亡，他卻沒有由衷感到哀戚；也就是說，孟孫才只是依循社會上的禮制規範，表面上跟著大家一起守喪而已，實際上這喪禮對他而言毫無意義。

顏回問仲尼曰：「孟孫才其母死，哭泣無涕，中心不戚，居喪不哀。無是三者，以善處喪蓋魯國。固有無其實而得其名者乎？回壹怪之。」

——《莊子・大宗師》

顏回問孔子：「孟孫才的母親過世了，但孟孫才在哭泣時卻沒有流眼淚，內心沒有保持哀戚，在守喪時沒有感到悲傷。這三個要求都沒做到，魯國人民卻公認他是守喪的模範。難道真的有人可以這麼虛有其表？我實在無法理解！」

儘管喪禮對孟孫才而言毫無意義，但孟孫才仍然扮演好自己的角色，將守喪之禮發揮到了極致，所以全魯國的人民都公認其為守喪的模範。這也就是顏回無法理解之處。

仲尼曰：「夫孟孫氏盡之矣，進於知矣。唯簡之而不得，夫已有所簡矣。孟孫氏不知所以生，不知所以死，不知就先，不知就後，若化為物，以待其所不知之化已乎！且方將化，惡知不化哉？方將不化，惡知已化哉？吾特與汝其夢未始覺者邪！且彼有駭形而無損心，有旦宅而無情死。孟孫氏特覺，人哭亦哭，是自其所以乃。且也相與『吾』之耳矣，庸詎知『吾』所謂『吾』之乎？且汝夢為鳥而厲乎天，夢為魚而沒於淵，不識今之言者，其覺者乎，夢者乎？」

——《莊子．大宗師》

孔子說：「孟孫才不只盡了守喪之道，而且還比了解守喪之道的人更進一層。守喪之禮本該盡量簡化，但世俗之人難以做到，而孟孫才已經做到了（，這就是他的過人之處）。

「孟孫才不知道什麼是生，不知道什麼是死，不知道生前如何，也不知道死後如何，好像偶然變成一個事物，期待著不知何時會發生的變化而已。正當要變化的時候，他不會堅持不變；正當要停止不變的時候，他也不會執著於已經發生過的變化。

「我跟你大概都是在夢境狀態中，從來不曾清醒過的人吧！雖然孟孫才的形體變化，但他的內心卻波紋不起，他知道自己只是擁有一個暫時寄居的軀體，從未有過真正的死亡。孟孫才大概已經覺醒了，別人都在哭所以他才跟著哭，這就是他雖然哭但卻沒有流淚的原因。

「在人與人的相處中，才會意識到『我』的存在，我怎麼知道這個『我』是不是真正的『我』呢？你夢見自己變成鳥而在天上鳴叫，你夢見自己變成魚而潛入深淵，（而你現在又夢見自己在跟我一起討論孟孫才這個人，）不知道正在討論這件事的人，究竟是個覺醒的人，還是個沉睡的人呢？」

做為一個已經「覺醒」的人，孟孫才非常清楚：根本沒有生，也沒有死，只有一連串的變化。他接受一切變化，絲毫不抗拒。如果現實的情況就是要他辦一個喪禮，那他就去辦；如果現實的情況就是要他哭，那他就哭。總而言之，孟孫才是一個正在「清醒地做夢」的人，他雖然身在夢中，神智卻是無比清醒。

從此，人生變得無比簡單：不過就是在戲臺上好好演繹自己的角色，該上場就上場，該散戲時就散戲，如此而已。而這，也就是「無心無情」的好處了。

《莊子》最後又藉孔子之口，提出一個問題：「正在討論這件事的人，究竟是個覺醒的人，還是個沉睡的人呢？」——《莊子》的意思是：別把我當成一個覺醒的人，別把我所說的話當真，因為一個覺醒的人，他很清楚夢就是夢；即使在夢中清醒，這仍然也是一場夢啊！

把人生當成一場「夢」——這就是得到「自由」的不二法門。

第七課　真正的「自由」

我們為什麼不自由？

我們常覺得在這個世界上生活身不由己，只因為我們將這一切看得太過重要。如果能接受莊子的想法，發自內心地將人生視為一場夢境，不再隨夢中的事物起舞，也許我們就能得到真正的自由了。

我覺得有必要澄清的是，一般人所說的「自由」都是為所欲為的自由，就好像中了樂透、發了大財，可以想買什麼就買什麼的自由——但這其實不是「自由」，而是「欲望」。這就是為什麼每個人都在追求自由，卻沒有人真的能得到它，因為大家都搞錯方向了。

把「自由」與「為所欲為」劃上等號，是一件非常危險的事，因為我們很可能會成為「欲望」的奴隸而永世不得超生。如果想要擁有很多錢，想買什麼名牌就買什麼，最後就會成為金錢的奴隸；如果想要擁有強烈吸引力，成為眾人競相追求的網紅明星，最後就會成為吸引力的奴隸，只要有一點點變老、變胖的跡象，就會痛苦不堪。

因此，我們有必要重新界定「自由」的涵義：「自由」指的應該是種由內而發、徹底輕鬆而不受限制的感覺。實際上，每個人早已擁有這樣的自由，有句話說：「人生而自由，卻無處不在枷鎖中。」❻這話是真的，只是這種原初的自由不是人們所想要的，所以才沒有人重視。

如果每個人天生都是自由的，那為什麼我們後來都失去了自由？——這是因為我們非常認同「自我」的緣故。「自我」就是那個一直在腦中大叫著「我喜歡這個」、「我討厭這個」、「我想要這樣」、「我不要那樣」的東西，因為我們被它捆綁住了，總是被要求要滿足它的欲望；只要一不滿足它，它就會讓我們感到非常痛苦，所以才會覺得一直過得很不自由。

若想得到徹底的自由——我說的是「徹底」的——唯一該做的，就是把「自我」這個東西給連根拔除，但是這非常困難，除非你能完全放棄掌控任何事物。對一般人而言，「放手」遠比「抓緊」困難多了，因為放手之後所要面對的是即將一無所有的恐懼，而且現實的情勢很可能完全失控。

也許有人會說：「放手？開什麼玩笑！你要我放棄自己所擁有的一

6. 這是盧梭的名言，但盧梭的「生而自由」的意義與我不同，我只是借用他的話，所以在此不引述人名。

切、放棄自己畢生的追求、放棄自己的所有想法？一旦這麼做了就是自暴自棄，不行不行！我不會接受這麼荒謬的想法，我寧可繼續維持痛苦的現狀，也不要放棄自己手上所緊緊掌握的一切。」——別誤會了，如果你覺得這樣會讓你有安全感，這樣會讓你得到一時的快樂，那就繼續這樣做吧。

畢竟，如果一個人在世俗生活中過得很好，沉迷於追逐欲望的遊戲，一切都掌控得很好且樂此不疲，又何苦要放棄？只有當你真的受夠了這一切，已經苦到了寧可放棄一切也不要繼續受苦的程度，那個時候也許你才能徹底放手；放手之後，真正的「自由」才會來臨。

《莊子》曾用「鏡子」來形容這種自由的狀態：

至人之用心若鏡，不將不迎，應而不藏，故能勝物而不傷。

——《莊子．應帝王》

至人之心，宛如明鏡，
去了不送，來了不迎，
如實映現，沒有隱藏，
所以能包納一切事物，
而不受一絲一毫損傷。[7]

「鏡子」是非常巧妙的比喻：「鏡子」是一個完全沒有「自我」的東西[8]，它不過是個光滑的平面，純然只有映照外物的功能，而且無時無刻都在映照外物，不會拒絕，不會逢迎，只是如實映現，永遠沒有停止的時候。

7. 法國漢學家畢來德對這一段文字的理解，是我所見過最優異的，我的翻譯參考了他的解釋。請參見畢來德：《莊子四講》，頁 89-90。

8. 這句話的意思是：鏡子沒有絲毫的「自我意志」，它不會因為照鏡子的人長得很醜，就拒絕顯示他的映像；也不會因為照鏡子的人很美，就幫他加上夢幻的濾鏡。鏡子就是一個純粹「無我」的物件，無論任何事物，它都一律公平對待，如實映現，毫無偏私。

如果我們都能像「鏡子」一樣的話，所有事物在我們面前都可以展現最真實的自己，不會被扭曲或改變；奇妙的是，當我們都能接受事物最本然的樣子，不去妄加扭曲或改變的時候，我們可能會很驚訝地發現——事物竟然不再反抗我們了，反而會很自然地棲止在我們身邊。因為當我們放下「自我」，不再試圖主導事物的發展時，就已經終結了「互相傷害」的無盡循環，重新與事物建立和諧的交流模式。

因此，真正的自由其實是讓一切都自由，也就是讓所有事物都擁有喜歡你、討厭你、讚同你、反對你、靠近你、離開你的自由；當一切事物都能如其所是的時候，我們自然也可以如己所是。

除非所有事物都得到自由，

否則我們不可能自由。

這是自由的真諦。

不是「主導」，而是「引導」

在我們完全「放手」之後，可能會覺得生命頓時失去重心。現在，我已經完全接受了生命本然的樣子，允許事物如其所是，再也沒有什麼好抗拒的，也沒有什麼值得我去追求了；這樣的我，活著還有什麼意義嗎？

現在，你已經進入了一個全新的狀態，
也就是古代道家稱為「無為而無不為」的狀態。
「無為」的意思是：不再按照「我」自己的想法去做事；
「無不為」的意思是：得到了全然的自由，也就是說，不管什麼事都可以去做了。

雖然你覺得再也沒什麼事值得主動去做，但這也意味著所有的可能性都為你敞開；當你面對生命中各種情境的呼喚時，終於可以不再從個人狹隘的立場出發去做反應，而是可以順應時勢的要求，從旁加以引導，讓所有事物都得到最合理、最妥適的安排——儘管這樣的安排不一定符合你個人的意願，也不見得對你有利，但你知道其實一切都很妥當。阿迪亞香提說：

隨著個人意志的消失，人們經常會對我說：「我甚至不知道該怎麼做決定了。」這是因為他們越來越無法從一個「個人觀點」來運作了。一種新的運作方式出現了，而它的重點不是真的在於做這個決定或那個決定、做正確的決定或錯誤的決定，而比較像是在引導一道流。你會感到事件流動的地方，然後感覺到應該做的正確之事，就像一條河流往哪裡繞過一塊岩石，要往左或往右。那是一種直覺性的、與生俱來的了知。❾

一般人在處理事情時，不會有這種「引導一道流」的感覺，因為我們只懂得用「個人觀點」去主導事情的發展，一旦不再聽從個人觀點，我們就不知道該如何行動了。我們在生活中遭遇各種事情時，腦中往往充斥「這樣做才是對的」、「這個選擇比較好」、「這樣的結果對我比較有利」之類的想法，這些想法看似對自己有好處，但卻限制了視野，讓我們無法從一個更高、更融合的角度去觀察情勢的演變。

不再從「我」的角度處理事情，意味著不再抵抗、不再向外追求，而只是去「引導」。在《莊子》看來，宇宙就像一片大海，「無我」就是投身其中，跟著宇宙間充盈的能量一起流動。當我們把自己完全交託給宇宙的時候，會很像突然被拋進大海，可能一開始會因為失去陸地的支撐而迷失於亂流，喝了幾口海水、嗆到快要死掉；但在大海中浮沉久了，就會漸漸熟悉水流的方向，掌握到「引導」水流的技巧。我們會知道不必跟海水對抗，因為一用力就會往下沉，倒不如想辦法乘著水流的方向，順勢引導到自己想去的地方。

這是一種「流動」的狀態，用《莊子》的語言來說，就是「氣」態。

「流動」的狀態

《莊子》在〈人間世〉篇中說了一個故事。有一天，顏回即將動身前往衛國，特地向孔子辭行；孔子問他為什麼要去衛國，顏回答之曰：

9. 阿迪亞香提：《覺醒之後》，頁160。

（顏回）曰：「回聞衛君，其年壯，其行獨。輕用其國，而不見其過；輕用民死，死者以國量乎澤，若蕉，民其無如矣。回嘗聞之夫子曰：『治國去之，亂國就之，醫門多疾。』願以所聞，思其所行，則庶幾其國有瘳乎！」

——《莊子．人間世》

顏回說：「我聽說衛國的國君，年壯氣盛，行為獨斷。輕率處理國事，卻不知道自己的過錯；輕率發動戰爭，死的人民都積滿國中的山澤了，人命就像草芥一樣，實在是走投無路了。我曾聽夫子說過：『太平之國可以離去，危亂之國可以前往，就好像醫生看診，門前排滿了困苦的病人。』我願意依照夫子的教誨，檢視自己的行為，那麼這個國家大概可以免於一場災難吧！」

表面上看來，顏回是個救苦救難的大英雄，竟然不顧生命危險，也要去改變衛國的國政、感化衛國國君的暴行；但就是因為他「改變別人」的意圖太強烈，所以肯定會激起別人的反抗，那些亂臣賊子會想盡辦法陷害顏回，衛國國君也會疏遠他，最終結果必然是顏回被害，而衛國卻仍絲毫沒有改變。孔子說：你這樣白白送死，有什麼意義呢？

顏回就像是剛從學校畢業的學生，初入社會，雖有滿腔的理想，卻也帶有幾分「知識分子的傲慢」。他以為只要照著學校裡面教的那一套，就可以改變渾濁的政壇，為人民謀福祉；殊不知，知識分子恰恰最容易誤國。他們不擅長權術與鬥爭，不知如何遊走於黑白兩道之間，也不懂得保護自己、等待時機、得理饒人、以利誘導等等的處事藝術，最終結果肯定是激起各方反彈，理念破滅，黯然下臺。

顏回問孔子，那我到底該怎麼做，才能保全自己，同時又能感化衛國國君？孔子便叫他試試「心齋」這個方法。古代的「齋」不是吃素，而是禁食；所謂「心齋」，就是讓「心」餓肚子，餓到完全空腹為止。

仲尼曰：「若一志，無聽之以耳而聽之以心，無聽之以心而聽之以氣。聽止於耳，心止於符。氣也者，虛而待物者也。唯道集虛。虛者，心齋也」

——《莊子．人間世》

孔子說：「

心神專注，學著別用耳朵去聽，而是用心智去聽；再學著別用心智去聽，而是用流動的『氣』去聽。⑩聽覺會被耳官所限制，心智會被認知模式所限制。只有流動的『氣』，是完全虛無而有彈性空間的。『道』只有在這種虛無的彈性空間之中才能聚集，這個虛無而彈性的狀態，就是我所謂的『心齋』。」

孔子認為，我們在應對外物的時候可以有三種不同的方法：

第一種是用自己的感官，這是最直接的方式，但往往只能看到事物的表面，無法洞悉背後原因。

第二種是用自己的心智去思考，但這其實是在割裂事物，再將事物重組以符合自己的認知模式。

第三種是使自己變成流動的「氣」，瓦解自己狹隘的立場，讓事物如其本然地呈現而不去改變。

也就是說，除非我們能達到「心齋」——讓自己變成流動的「氣」態——對外物無限地包容，否則我們就會永遠跟外物處於對抗的狀態，互相傷害，永不休止。

顏回本是個有宿慧的人，一聞孔子此言，早已大徹大悟。

10. 值得注意的是，《莊子》在闡述「心齋」的時候，十分強調「聽」的知覺，這與西方哲學非常不同。西方哲學從柏拉圖、笛卡爾、胡塞爾、梅洛龐蒂到列維納斯，都十分強調「看」的優先性，因為「看」的性質比較主動，而「聽」則較為被動。相較於西方哲學強調主體的積極掌控性，《莊子》則主張讓主體弱化、甚至消失，這是東西方思想極大的差異之處。

顏回曰：「回之未始得使，實有回也；得使之也，未始有回也，可謂『虛』乎？」

——《莊子．人間世》

顏回說：「在我變成『氣』之前，確實有顏回這個人存在；在我變成『氣』之後，顏回這個人就不存在了。這就是所謂的『虛』吧？」

孔子聽了顏回的回答，不禁點頭稱是。他認為，只有徹底「無我」，進入「流動」的狀態，才能在完全不被覺察的情況下，自然而然地將事物「引導」到最適當的位置，而不引起任何反抗。

夫子曰：「盡矣！吾語若：若能入遊其樊而無感其名，入則鳴，不入則止。無門無毒，一宅而寓於不得已，則幾矣。絕迹易，無行地難。為人使易以偽，為天使難以偽。聞以有翼飛者矣，未聞以無翼飛者也；聞以有知知者矣，未聞以無知知者也。瞻彼闋者，虛室生白，吉祥止止。……」

——《莊子·人間世》

孔子說：「這就是最極致的『虛』了！我且告訴你：遊走於充滿危機的朝堂之中，如果能不為名利所動，君王召見你的時候就說話，不召見你的時候就沉默。不需要開診所，也不需要藥物，將無法控制的情勢視為自己的居所，並安然居住於其中，這也就夠了。

走路不留足跡還算容易，要不踩在地上行走就難了。若用自己的想法去主導情勢，不小心就會弄巧成拙，但若能交託給宇宙自行掌舵，就可以免除這些問題。只聽過用翅膀飛行的，沒聽過不用翅膀也能飛行的；只聽過用心智求知的，沒聽過不用心智也能求知的。看看那空無一物的所在，空曠的房間才能容納光明，吉祥也將自然棲止於此。……」

孔子在此處說明的，就是「流動狀態」的妙處。「走路不留足跡」已經是非常高超的技術了，但畢竟還是得靠自己的雙足去行走；至於「不踩在地上行走」，指的是透過情勢的引導，讓周邊的事物將自己送往目的地，或讓目標物自行來到身邊。《莊子》要說的是：如果我們不再用自己個人的意志去主導情勢的發展，而只是「順勢而為」的話，所有的事物都會樂於接近我們，並成為我們最佳的助力。

衛君不會是個天生的暴君，他身邊的佞臣也不會是天生的佞臣，這些都是我們個人的世俗成見；衛國情勢的動亂，也許只是各方的勢力沒有得到應有的疏導與安置。顏回的故事告訴我們：沒有任何事物會希望自己被當成「病人」，實際上我們也不該以「醫生」自居（這都是一種「知識分子的傲慢」而已）；我們唯一要做的就是去實現它們，讓它們感到在我們身邊時最能夠做自己，不需要任何抵抗或偽裝，然後，它們就會各自去到自己該去的地方，各就各位。

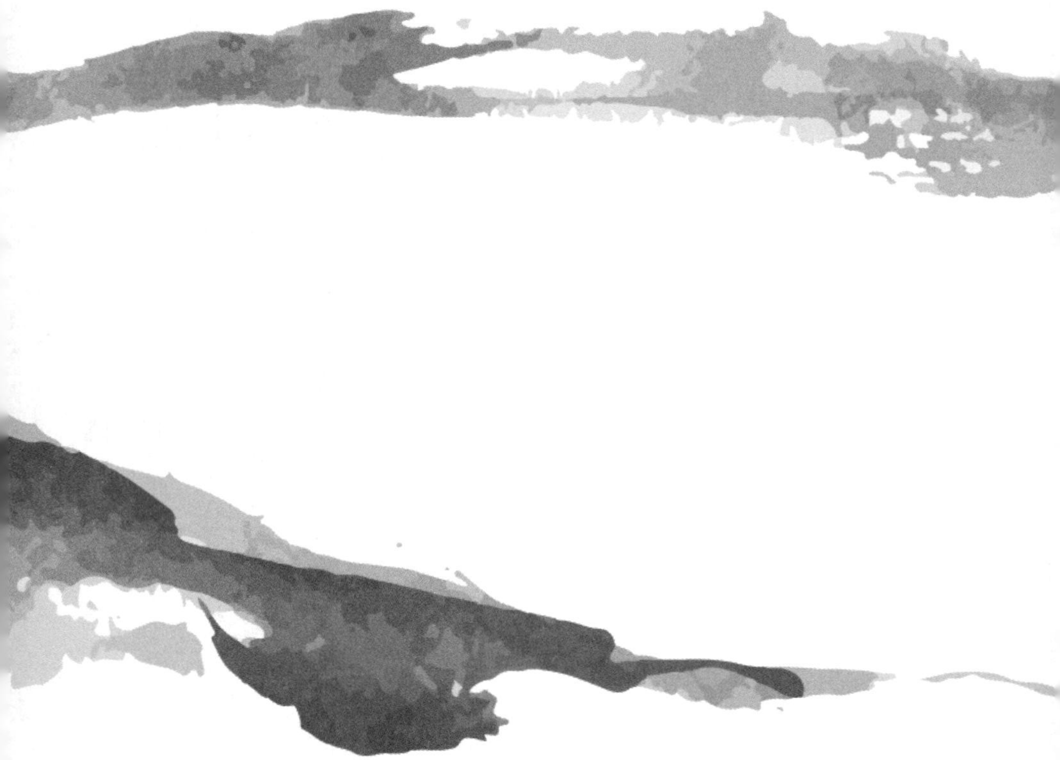

第八課　解牛攻略

宇宙才是最偉大的工匠

為了說明「流動」的極致狀態，《莊子》透過許多技藝高超的工匠來表現。在《莊子》書中，這些工匠之所以能夠完成偉大的作品，並非依靠自身的力量，強勢地去改造外物，而是他們懂得在創造的最終階段放下自我，交給宇宙自行做主——因為宇宙才是最偉大的工匠。

一般人只懂得專注於心智的思考，但偉大的工匠卻反其道而行，他們總是專注於停止感官與心智的運作，用全身心去配合宇宙的流動，然後讓結果自行「顯化」出來。這是一種與宇宙非常高度融合的狀態。

《莊子》深深相信，宇宙是有智慧的、有神性的；

身為一個人，所能獲致的最高智慧，就是與宇宙合一。

《莊子》以「梓慶削木」的故事為例：

梓慶削木為鐻，鐻成，見者驚猶鬼神。魯侯見而問焉，曰：「子何術以為焉？」對曰：「臣工人，何術之有！雖然，有一焉。臣將為鐻，未嘗敢以耗氣也，必齊以靜心。齊三日，而不敢懷慶賞爵祿；齊五日，不敢懷非譽巧拙；齊七日，輒然忘吾有四枝形體也。當是時也，無公朝，其巧專而外骨消；然後入山林，觀天性；形軀至矣，然後成見鐻，然後加手焉；不然則已。則以天合天，器之所以疑神者，其是與？」

——《達生》

有個名叫慶的木匠削木做鐻（一種樂器），鐻做成之後，看到的人都驚嘆是鬼斧神工。魯侯召見慶，問：「你用的是什麼技術？」慶答道：「

我不過是個工匠而已，哪有什麼技術可言？只有一個竅門罷了。每當我準備做鐻之時，不敢耗散我的精神，必定透過齋戒來靜心。齋戒到第三天，不敢懷有發達致富的欲念；齋戒到第五天，不敢懷有毀譽巧拙的心思；齋戒到第七天，已經忘了自己有四肢形體。在這當下，我完全不記得朝廷對我的要求，只專注在技巧，外在的一切干擾都消失了；然後我才進入山林，觀察樹木天生的材質，看到恰當的木材，成品已宛然呈現在眼前，然後我才開始動工。若非如此，寧可放棄。我的唯一竅門就是讓自己與宇宙達到同步，我生產的器具之所以被懷疑是神所打造的，大概原因便在此吧？」

梓慶說自己「哪有什麼技術可言」，並非自謙之詞。因為他這麼努力練習的根本目的，並不是想讓自己的技藝變得爐火純青，也不是為了造出一個偉大的藝術品，而是在修煉技藝的過程中，不斷練習突破「自我」的限制，跟宇宙之流達到至高的「同步狀態」。

創作的過程，其實就像在生孩子。雖然將極大心力放在分娩過程上，卻無法百分百確定會生出什麼樣的孩子，因為孩子有自己的生命，我們完全無法掌握，只能允許；我們唯一能做的就是敞開自身，讓自己成為一個通道，邀請他來到世上。身在這樣的創作過程中，創作者其實會覺得不是「我」在創作，而是「作品」選擇了我，自行透過我的手把它帶到這個世界上來。

創作者所追求的，是一種將自己完全清空，毫無保留地把身體交託給宇宙的狀態；在一切都自然而然地運行，不容許一絲意志介入的當下，其實是宇宙透過我們的身體在行動。以身體為媒介，我們與宇宙達到了至高的「同步」狀態，而這可能也是生命中至為謙卑的時刻，因為我們終於可以徹底放手，不再自作聰明地跟宇宙爭奪主導權，畢竟宇宙才是最偉大的創造者。

工匠與聖王，一線之隔

我們再以大家耳熟能詳的「庖丁解牛」故事為例：

庖丁為文惠君解牛，手之所觸，肩之所倚，足之所履，膝之所踦，砉然嚮然，奏刀騞然，莫不中音。合於〈桑林〉之舞，乃中〈經首〉之會。文惠君曰：「譆！善哉！技蓋至此乎？」

——《莊子．養生主》

庖丁為文惠君分解一隻牛，他或以手觸牛體，或以肩頂住牛軀，或以膝蓋頂住牛身，只聽嘩嘩聲響，他充滿韻律感地揮動手上那把牛刀，霍霍的聲音竟然無一不打在節奏上，不僅符合古代美妙的〈桑林〉舞曲，也與〈經首〉之樂享有同樣的節奏。

文惠君說：「讚！真是太強大了！技術如何達到這樣出神入化的程度呢？」

庖丁本是個身分低下的廚師，而「解牛」也是個充滿血腥污穢的工作，但當庖丁投入解牛的過程中時，竟能達到如歌如舞的狀態，我們將無法再以低賤的「廚師」身分看待庖丁，他的地位簡直可以與創造出〈桑林〉之舞、〈經首〉之樂的古聖王[11]並列了。無論是庖丁還是古聖王，他們的共同點就是讓自己與宇宙保持「同步」的狀態，也就是說，他們其實都是被宇宙選定的人，故即使地位低賤如庖丁，在創造過程中竟也可以高

11.〈桑林〉是傳說中商湯時的樂曲名，〈經首〉則是傳說中堯時的樂曲名。商湯與堯都是傳說中的古聖王。

貴如聖王。在庖丁面前，文惠君被深刻地震撼了，於是他不自覺地放下諸侯的身段，尊敬地向庖丁請益。

庖丁釋刀對曰：「臣之所好者道也，進乎技矣。始臣之解牛之時，所見無非牛者。三年之後，未嘗見全牛也。方今之時，臣以神遇，而不以目視，官知止而神欲行。依乎天理，批大郤，導大窾，因其固然，枝經肯綮之未嘗，而況大軱乎！

——《莊子．養生主》

庖丁放下牛刀，跟文惠君說：「我所追求的是與宇宙相通的方法，已經超越一般所謂技術的層次了。

當我剛開始學習解牛的技術時，
滿眼所見，都是一隻完整的牛，
三年後，只看到一些部分而已，
現在，則是用深層覺知去應對，
不需要再用自己的肉眼去看了。
當感官知覺全都停止介入，
才能啟動深層覺知的運作。
依從宇宙自身的條理，
從骨頭接合處批開，
無骨處便就勢分解，
只是順應固有的結構而已，
經絡相連、筋骨交錯之處，
完全都沒有碰觸到，
何況碰到大骨頭呢！

庖丁說，他追求的不是技藝本身的純熟，而是藉著技藝修煉的過程，找到與宇宙相通的方法。庖丁接著闡釋他在修煉過程中經歷的三個階段：

第一個階段，當他開始學習解牛時，看到的是一隻完整的牛。在這個時期，「庖丁」與「牛」是兩個完全獨立的個體，他處於牛體的外面，所以只能看到如此龐然大物又盤根錯節的骨骼構造，而渺小的自己卻不知該從何下手。

第二個階段，也就是「目無全牛」的時期。在庖丁眼中，「牛」這個物體本身消失了，因為他已經「身入其中」，所以才看不見整隻牛的樣貌。⑫他發現，只要能夠投身進入牛體的構造中，就不會再想著要對抗它、改變它，而是只要順著內在固有的脈絡行動即可。雖然如此，還是有某些部位的構造特別複雜難解，所以庖丁依然必須用肉眼去觀察，思索破解之法。

到了第三個階段，庖丁已經徹底「無我」。現在，庖丁與牛體再也不是兩個獨立存在的東西，他可以完全融入牛體的構造之中，覺察到自己就是牛體的一部分，彼此的關係是「互相牽引」的。因此，庖丁只要專注於自身的覺知活動，就能自動與周邊環境達到「同步」狀態；該往左的時候就會自動往左，該往右的時候就會自動往右——「其間不能容髮」——根本沒有時間讓他思考下一步該做什麼，一切便已自動完成。至此，再無主客內外之分，牛與人皆被消融於宇宙之流中，從宇宙的角度看，不過是同一道水流在流動牽引而已。

這裡有一個非常重要的關鍵詞「天理」，我翻譯為「宇宙自身的條理」。《莊子》要表達的意思是：表面上看來，庖丁是在熟悉牛體的構造，但由於牛體本身也是宇宙構造的一部分，故庖丁其實是藉由熟悉牛體的構造，進而熟悉宇宙的構造。也就是說，庖丁學習「解牛」的真正目的，並非與牛體「同步」，而是為了與宇宙達到「同步」狀態。

12. 相當於蘇軾所說的：「不識廬山真面目，只緣身在此山中。」

交給宇宙自行掌舵的養生之道

良庖歲更刀，割也；族庖月更刀，折也。今臣之刀十九年矣，所解數千牛矣，而刀刃若新發於硎。彼節者有間，而刀刃者無厚，以無厚入有間，恢恢乎其於遊刃必有餘地矣，是以十九年而刀刃若新發於硎。雖然，每至於族，吾見其難為，怵然為戒，視為止，行為遲。動刀甚微，謋然已解，如土委地。提刀而立，為之四顧，為之躊躇滿志，善刀而藏之。」文惠君曰：「善哉！吾聞庖丁之言，得養生焉。」

——《莊子．養生主》

技術高超的廚師，一年要換一把刀，因為他用刀割肉；一般的廚師，一個月要換一把刀，因為他用刀劈骨頭。

現在我這把刀用了十九年，已經分解了好幾千隻牛了，但刃鋒卻依然銳利得像是剛從磨刀石上磨出來的一般。牛的骨節是有縫隙的，而刀的刃鋒卻一點厚度都沒有，以沒有厚度的刃鋒進入有縫隙的骨節，自然感到很開闊而保有遊走的空間了，所以才會過了十九年而刀刃仍像新的。話雖如此，但每次遇到盤根錯節之處，我知道十分窒礙難行，於是更加警戒，不要再用眼睛看，不要再急著想通過，十分緩慢地動刀，謋然一聲就解開了，牛肉宛如泥土落地。我手持牛刀站著，看著周邊的世界，由衷感到心滿意足，便將刀刃揩拭乾淨，然後收藏起來。」

文惠君說：「好棒啊！我聽了庖丁的一番話，領悟到了養護生命的訣竅。」

其他廚師只懂得用刀劈砍牛體，所以刀子損傷得很快，這說的就是我們一般人。每當我們在生活中遇到不順心或複雜難解的事情時，只會想著抗拒它、改變它；這有點像是開車開到死胡同，明知道過不去，卻還硬要撞過去。每次當你被高牆撞倒在地的時候，就想著我要變得更強大才能克服它，然後就繼續朝它撞過去，撞得頭破血流，然後又責怪自己太過軟弱。這樣的人，永遠不會注意到旁邊還有另一條路可走（可能走了那條路會繞遠路，通往你不想去的地方，又或是出於恐懼未知的心理，所以你才這麼堅持不走那條路，執著於固定的方向，然後繼續把自己困死在原地）。

庖丁的刃鋒十九年來完好如初，沒有任何磨損，這是如何辦到的？

只有「無我」，才能讓生命敞開，找到出路，這是《莊子》用「刃鋒」來做比喻的主要原因。「刃鋒」只是一個點，它完全無任何體積或面積；因此，只有讓自己縮小縮小再縮小，直到剩下一個「點」為止，呈現完全放鬆無力的狀態，無法再對抗，也無法再主導方向，才能真正順著宇宙固有的脈絡流動。每次庖丁遇到盤根錯節的筋骨脈絡時，他就更加小心謹慎，不要讓「自我」意志出來干擾，不要用力量解決問題，也不要急著想脫困，只要緩緩依循內在知覺的指引，生命終究會自己找到出口的。

若能不再主導自己的生命，而是將己身完全投入宇宙之流，交給宇宙自行掌舵，這也就是「養生」的祕訣了。也許在一般人看來，這是個隨波逐流、不負責任的人生，但「無我」的人早已超越為個人生命負責的層次，因為他沒有自己了，於是他轉而對宇宙負責，勇於承擔宇宙所給予的一切——這其實需要無與倫比的責任感才能辦到。

當一個人徹底融入宇宙之流，他將知道我們都是宇宙的一部分，我們都「同步」參與了宇宙的創造過程，所以生命中所有一切遭遇都是本當如此。宇宙所做的，與我所期望的，其實是同一回事，故無論結果是好是壞，我們都必須接受宇宙所呈現的一切，並對其負責到底。

若能如此，即是《莊子》所謂的「至人」了。

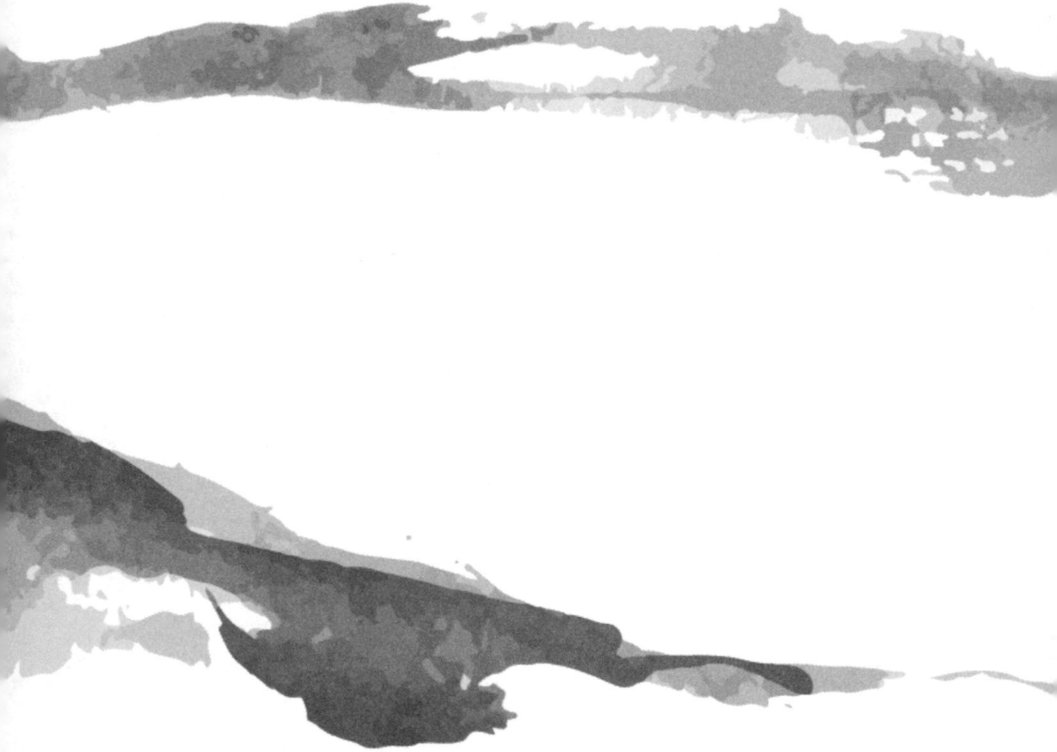

第九課 「至人」的世界

古之真人，不知說生，不知惡死；其出不訢，其入不距；翛然而往，翛然而來而已矣。

——《莊子．大宗師》

古代的真人，
不知為何要喜歡活著，
不知為何要討厭死亡。
他出生的時候不快樂，
歸於寂滅時也不抗拒。
他就這樣悄悄地走，
正如他悄悄地來，
如此而已。

「人類孩童」與「人類成人」

每個人都有兩個年齡，一個是「生理年齡」，一個是「心理年齡」。這個世界上有很多人，雖然「生理年齡」不斷增長，但心理模式與行為模式早就固定了下來，不曾再改變過。從「心理年齡」的角度看，其實很多人都仍然是個十歲、十二歲或十三歲的孩童，只是經歷的事情多了，所以他變得更有經驗，知道該怎麼保護自己或偽裝自己，知道該怎麼表現得「社會化」一點罷了，但內在深處，他仍是一個傷痕累累、害怕被他人遺棄且任性妄為的小孩。

只要還有個小孩困在我們心中，我們就無法真正成熟。這並不意味著我們要殺了這個小孩，或是徹底遺棄他；而是要學會去照顧他，陪伴著他一起長大，至少要懂得把自己的問題與這個小孩的問題分開處理，以免再被他制約。

為了方便討論，我們將心理年齡還停留在孩童時代的人，稱為「人類孩童」；而心理狀態已經臻於成熟圓滿的人，稱為「人類成人」。從「人類孩童」發展為「人類成人」，是我們每個人來到這個世界上最迫切、最重要的任務，因為我們的人生就是一場成長之旅。

大概在十幾歲左右，我們已經對這個世界形成了一套系統性的見解，並依此建構了自己的行為模式。我們大概知道這個世界是什麼模樣，人與人之間又有哪些不同的關係，而我們身在其中，該怎麼做才能「趨利避害」——在人類孩童的世界觀中，發揮主導性的因素便是「恐懼感」，也許他們並沒有意識到，但他們所思所行主要目的就是求生存，避免讓自己受到傷害；並且在這樣的前提之下，盡量謀求利益，讓自己過得安全自在。

人類孩童不能忍受孤獨，因為孤獨讓他們覺得無依，他們總覺得自己沒有一個人處理危機的能力；所以身邊要圍繞一群能被他信任的人，他才會有安全感。正如幼童不能離開母親，青少年不能離開朋友與愛人，成年人不能離開家庭，有些人則不能離開宗教，因為他們在這些關係中找到心靈的依靠，視之為避風港，讓他們遠離恐懼。

如果不能脫離人類孩童的階段，無論我們做任何事情，都只會圍繞著自己打轉，因為我們的主要目的就是避免自己受傷害——這是一切令人窒息的人際關係的共同本質。這個世界上有太多以「愛」為名的情緒勒索，這些人總是聲稱「我是因為愛你」、「我是為你好」，實際上都只是從自己的需求出發，去控制別人而已；一旦有人不受控，他們就會很容易「玻璃心」，感到自己被背叛了。

如果人類孩童要成長，他必須學習的功課就是「信任」。

他必須學著相信，即使放手讓孩子做自己，他仍不會失去這個孩子；

他必須學著相信，他可以做自己想做的事，不必按照別人的期望過活，而他仍然值得被愛；

他必須學著相信，就算面對這個世界上最艱難的挑戰，他仍然有能力渡過難關，而且還有餘力幫助別人。

「信任感」是人類成人的世界觀中，最具主導性的因素。一旦發展到人類成人的階段，我們的心胸會陡然開闊，我們會允許每個人都活成自己的樣子，允許每個人都有愛我、恨我、接近我、離開我的自由；我們會接受自己所遭遇的一切，哪怕是最痛苦、最不堪、最絕望的過往，因為傷疤終將開出美麗的花，所有的磨難都是為了讓我們走到現在這一步。

最重要的是，我們會承認這個世界最原本的樣子，哪怕世界上永遠存在著無可預料的天災，甚至是饑荒、戰爭、癌症、愛滋病、殺人犯等等，我們會知道它們在促進人類的覺醒與成長方面，都扮演著不可或缺的角色；於是我們不會總是抗拒它們，而是懂得與它們共處，聆聽它們的存在，並思考我們可以從中學會什麼。

「人類孩童」小氣、充滿恐懼又讓人煩躁，「人類成人」則是開放、自在，且與一切都和諧一致，而不是只有自己。

「人類成人」是自然狀態。跟處於「人類成人」狀態相比，擁有金錢、他人的愛戴與權勢根本一文不值。所以，一位低下的清潔婦可以高貴如王者，而富裕美麗的電影明星可能只是一介平民；最前面的會變成最後，最後面的會變成第一。

大多數成人都只是不知道自己是孩童的孩童，不自知地延續著無止境的平庸循環──他們對這樣的平庸很自滿。我們希望子女長大後能當總統，或富有的醫生，或厲害的律師，彷彿那就是所謂的成功，但是，我們應該希望他們長大後可以成為「成熟的人類」，並因此重新定義我們對成功的概念。

——傑德．麥肯納《靈性衝撞》

發展「同步性」的思維

離開「人類孩童」的階段，邁入「人類成人」的世界，意味著我們終於不再當個「理想主義者」，不再把人生放進某個固定的腳本，強迫整個世界跟自己演同一齣戲。「人類成人」不會想把別人塑造成自己期待的完美伴侶、家人或朋友，也不會逼自己去扮演一個完美的形象，他只是讓一切如其所是；就算事情的發展出乎意料，情勢的演變無可捉摸，他也會安然過活，對宇宙負起完全的責任——因為他知道自己是宇宙的「共創者」。

一般人很難接受「我與宇宙共創世界」的觀點，這聽起來實在是天方夜譚，宇宙間明明充斥各種不順心的事，每天都遇見一堆鳥事，這怎麼可能是我自己創造的呢？我又為什麼要為這些爛事負起責任呢？如果我們從個人狹隘的觀點來看，當然是百思不得其解；但如果我們能細細思索生活周遭發生的事，就會發現這一切其實都是我們內在世界「顯化」出來的結果。也就是說，如果我們實在搞不清楚自己的內在發生了什麼事，其實只要向外看一看就好；每個人都可以透過宇宙顯化出來的一切，反思自己的內在究竟是怎麼運作的。

我們在生活中遇到的所有問題，其實都是自己內在的顯化。舉我個人的例子來說，我之所以搞砸每一段戀情，遇到的總是些貶低我、糟蹋我的人，其實都反映了心底深處「我不值得被愛」的信念；由於我實在是不擇手段想逃避、否認這一點，所以宇宙只好派遣這些人來到我生命中，逼我覺察到這件事。除非我能覺察到自己內在的問題，並且自覺地讓問題浮出檯面，否則這種互相傷害的故事情節就永遠無法停止。

著名心理學家榮格（Carl Gustav Jung）曾提出「同步性」理論，他認為我們個人的「主觀心理狀態」與外在的「客觀事件」之間其實有種神祕的呼應關係；舉例來說，曾經有一位婦女向榮格提到她夢見一個很像金龜子的東西，不可思議的是，當榮格打開窗時，正好捉到一隻飛到窗臺上的金龜子。

也許在一般人看來，這只是個偶然的巧合，沒什麼好大驚小怪的；但如果我們能找到這個巧合所顯示的意義，就會發現外在世界的一切，無論巨細，無非都是我們內在世界的顯化而已。如果非得要有一隻金龜子飛到眼前晃來晃去，我們才能覺察到的話，那只能說是我們平時太盲目了。

知名的「濠梁之辯」，就展現了莊子本人與宇宙的「同步性」：

莊子與惠子遊於濠梁之上。莊子曰：「儵魚出遊從容，是魚樂也。」惠子曰：「子非魚，安知魚之樂？」莊子曰：「子非我，安知我不知魚之樂？」惠子曰：「我非子，固不知子矣；子固非魚也，子之不知魚之樂全矣。」莊子曰：「請循其本。子曰『汝安知魚樂』云者，既已知吾知之而問我，我知之濠上也。」

——《莊子．秋水》

莊子和惠子正在濠樑上散步。

莊子說：「魚兒在水中慢慢游動，這些魚兒還真是快樂啊！」

惠子說：「你不是魚，怎麼知道魚很快樂？」

莊子說：「你不是我，怎麼知道我不知道魚很快樂？」

惠子說：「因為我不是你，當然不了解你；同理可證，因為你不是魚，所以你也不了解魚很快樂，這是完全可以肯定的事實。」

莊子說：「請回到一開始的問題吧。你問我『你怎麼知道魚很快樂』，這個問題成立的前提條件是你已經知道我知道魚很快樂。答案其實很簡單：我就是在濠梁上知道的喲！」

這則簡短的論辯，已經有數不盡的分析文字，大家可以盡量嘗試從各種角度切入討論。但在我看來，這是兩種不同的思維方式在進行交鋒——惠子代表的是「因果」式、「演繹」式的思維，而莊子代表的是「同步」式的思維。

惠子是一個心智能力非常發達的思想家，凡事都要找出個「原因」，所以他要不斷追問莊子是以什麼為根據來斷定「魚很快樂」的；但莊子早就已經不以二元對立的觀點來看待事物，他知道宇宙間的一切無非都是個人內在的顯化，所以他在看見魚兒的當下就已經確定了「魚很快樂」這件事。從「同步性」的思維來看，當下就是了，任何其他的理由都是多餘。

當我們發展到「人類成人」的階段時，二元對立的世界觀開始崩解，我們會像莊子一樣，不再把世界視為外在的客體。在「人類成人」眼中，宇宙是一道流，我們每個人都被捲進其中，共創這個流動的世界；他知道自己是個創造者，只要將自己的心願投向宇宙，宇宙必然會將它給顯化出來。

當然，我知道現在坊間有很多書籍在教導大家如何運用「吸引力法則」來達成心願，但很多人實際嘗試後，不是覺得很蠢就是沒用，那其實是因為我們都是以「人類孩童」的身分在投射個人的欲望。「心想事成」這件事對「人類孩童」來說實在太有魅力了，只要用想的就可以得到一切？那我要立刻用來滿足自己的需求！比如我要很多錢、我要遇見白馬王子、我要改變我的父母……等等。如果一個人不能放下自我的私欲，欣然接納宇宙的恩典，對宇宙保持無限的敞開與信任，那他就不可能真的與宇宙達到「同步」，這樣的「吸引力法則」自然就只能以失敗收場。

先成為教授，然後你就會很清楚每個考題背後的原理是什麼，用不著耍小花招作弊；所以，讓自己先轉化成「人類成人」，然後你就會很清楚如何顯化願望，用不著去學「吸引力法則」之類的作弊技巧。這是我給大家的建議。

心想事成的姑射神人

至人無己，神人無功，聖人無名。

——《莊子．逍遙遊》

最成熟的人，沒有自己。
最神妙的人，沒有功勞。
最偉大的人，默默無名。

據說每逢乾旱，美洲原住民就會找所謂的「造雨人」來解決問題；造雨人什麼也不用做，他只是來到這個村莊，坐在那裡，然後雨就來了。其實造雨人並不具有「造雨」的魔力，而只是在內心世界中「讓」雨發生——他們的內在肯定、並且允許下雨的天候在那當下實現，宇宙自然就回應了他們的祈求。⓭也許你也聽過這樣的故事：無論看過多少名醫都無法治好的絕症患者，卻在某個宗教神父或靈媒的禱告下奇蹟似的痊癒了；公司裡某個專案遇到困境，本已走投無路，卻在某個成員加入之後奇蹟般的逆轉，最後大獲全勝。

這些人當然不是特別受到上天的眷顧，而是他們本身具有一種特質，即敞開自身而與宇宙相互呼應的特質，所以他們總是在不知不覺間就心想事成了，就算你問他們是怎麼做到的，他們也只能說不知道，一切就這樣自然而然地發生了。關鍵在於，我們一般人與宇宙之間是有隔閡的，而這些人並沒有這種隔閡。

《莊子》書中描寫了很多具有這種神力的理想人物，大多稱為「神人」、「真人」或「聖人」，為了方便，我們可統稱為「至人」，意思是「將人類的潛能發揮到最極致的人」，也可以說是「最成熟的人類」。〈逍遙遊〉中記載過一段對話：

肩吾問於連叔曰：「吾聞言於接輿，大而無當，往而不反。吾驚怖其言，猶河漢而無極也，大有逕庭，不近人情焉。」連叔曰：「其言謂何哉？」曰：「藐姑射之山，有神人居焉，肌膚若冰雪，淖約若處子，不食五穀，吸風飲露。乘雲氣，御飛龍，而遊乎四海之外。其神凝，使物不疵癘而年穀熟。吾以是狂而不信也。」

——《莊子・逍遙遊》

肩吾問連叔說：「我曾經跟接輿討教過，他的思想過於宏大而不切實際，一說下去就回不到原來的話題上。我聽了非常驚訝，他的想像力就像天上的銀河無邊無際，和一般人的認知差距太大，現實中根本沒有人辨得到。」

連叔問說：「他說了些什麼？」

13. 參考卡蘿・皮爾森：《內在英雄》，頁185。

肩吾說：「接輿說：在很遠的地方有一座姑射山，上面有神人居住，肌膚像冰雪一樣潔淨，體態柔美宛如處女；不必吃五穀，只吸清風喝露水，坐著雲氣，駕著飛龍，在四海之外遨遊。這位姑射神人只要專一心神，就可以使作物不受病害，年年五穀豐登。這些狂言，我都不相信。」

接輿所描述的這位「姑射神人」，應該就是與宇宙達到極高融合狀態的人類，具有非常強烈的神仙色彩，可能也是一個巫術的詮釋之一，witchcraft。⓮因為姑射神人只要將自己的心願投向宇宙，宇宙自然就會將之顯化出來，所以他根本不需要自己實際去勞作，只要專一心神，就可以讓作物年年豐收，就像身在天堂一樣。——這實在是太不切實際了，我們一般人根本不可能相信這是事實，必定會斥之為怪力亂神。

《莊子》接著說：

連叔曰：「然，瞽者無以與乎文章之觀，聾者無以與乎鍾鼓之聲。豈唯形骸有聾盲哉？夫知亦有之。是其言也，猶時女也。之人也，之德也，將旁礴萬物以為一；世蘄乎亂，孰弊弊焉以天下為事！之人也，物莫之傷，大浸稽天而不溺，大旱、金石流、土山焦而不熱。是其塵垢粃糠，將猶陶鑄堯、舜者也，孰肯以物為事！」

——《莊子．逍遙遊》

連叔聽後說：「是呀！

就算再漂亮的花紋，眼瞎了也看不見；

就算再美妙的樂曲，耳聾了也聽不見。

難道眼瞎與耳聾只是生理上的疾病嗎？

有些人在思想上也有眼瞎耳聾的毛病！

14. 在某種意義上，《莊子》思想確實有巫術色彩，可參考楊儒賓：《儒門內的莊子》。

我這些話，說的就是你這種井底之蛙。

那位姑射神人，他的恩典雨露均霑地降落在萬物之上，

世界自然就歸於安定，何必需要勞心勞力去治理天下！

這位姑射神人，不會被外物所傷，滔天的大水不能淹沒他，

就算發生旱災，金石熔化了，土山焦裂了，也不感到灼熱。

如果用他身邊的塵垢，還有碎屑殘渣，

就可以培育出像堯、舜這樣的大聖人，

那麼誰還願意把治理天下當成一回事！」

我們可以看到，在《莊子》的描述中，姑射神人不只能「心想事成」，他還能「不溺」、「不熱」，就像佛家所說的「金剛不壞之身」，這是如何辦到的？因為神人的心中對事物沒有絲毫定見，他一點也不覺得大水與大旱是危險的，如果我們的內在完全不去抵抗外物，外物自然也就傷害不了我們了。⑮

這就是說，宇宙間的一切不過都是我們內在的顯化，因為姑射神人沒有與萬物對抗的

心，所以萬物也不會來傷害他；雖然一般人不肯相信人類能擁有這種「超自然」的神力，但《莊子》認為這就是事實，如果你不相信，只能說是你的腦袋太狹隘，讓你抑制了自己的成長潛能。

我相信，看了《莊子》的描述，每個人都很希望能得到像姑射神人一樣的法力，這樣就可以為所欲為又能不受任何傷害；但實際情況可能恰恰相反，姑射神人並沒有任何法力，他只是發出心願，然後等待宇宙的回應。雖然他對宇宙充滿了信心，但他其實無法預料、也不可能去控制宇宙顯化出來的結果。

如果一切都是宇宙自行完成的，那所謂的「神人」並沒有任何神妙的法力，即使天下大治也不能算是他的功勞，所以真正的神人應該是非常低調謙卑的，《莊子》說「神人無功」應該從這個面相來理解。

---

15. 對於姑射神人「大浸稽天而不溺，大旱、金石流、土山焦而不熱」的詮釋，請參考《莊子・達生》：「子列子問關尹曰：『至人潛行不窒，蹈火不熱，行乎萬物之上而不慄。請問何以至於此？』關尹曰：『是純氣之守也，非知巧果敢之列。……死生驚懼不入乎其胸中，是故遻物而不慴。彼得全於酒而猶若是，而況得全於天乎！聖人藏於天，故莫之能傷也。』」

早已活在恩典之中，無須外求

〈逍遙遊〉中又記載了一個故事，據說古聖王堯曾經想把帝位「禪讓」給許由，他的理由是：

> 堯讓天下於許由，曰：「日月出矣，而爝火不息，其於光也，不亦難乎！時雨降矣，而猶浸灌，其於澤也，不亦勞乎！夫子立而天下治，而我猶尸之，吾自視缺然，請致天下。」
>
> ——《莊子．逍遙遊》

堯想要將帝位禪讓給許由，他說：「

太陽和月亮已經普照大地，而小小的燭光尚未熄滅，把小小的燭光拿來與日月爭輝，何苦這麼為難它呢？天上已經降下了及時雨，而人還在不停地澆水灌溉，把人工的灌溉拿來與甘霖相比，何苦這麼不自量力？先生您站在這裡，天下就能大治，（實在太過神妙，）我覺得自己的能力不足，所以想要把天下禪讓給您。」

從堯的描述中，我們發現許由可能也是一位「神人」，他已經與宇宙達到高度的融合，所以他就像太陽、月亮一樣普照大地，又像及時雨一樣普降甘霖。由於許由的法力太過神妙，他只要站在原地，天下萬物似乎都已沐浴在天恩之中，所以堯覺得自己實在忝居帝位，想要把帝位禪讓給他，但許由卻拒絕了：

許由曰：「子治天下，天下既已治也，而我猶代子，吾將為名乎？名者，實之賓也，吾將為賓乎？鷦鷯巢於深林，不過一枝；偃鼠飲河，不過滿腹。歸休乎君！予無所用天下為。庖人雖不治庖，尸祝不越樽俎而代之矣。」

——《莊子．逍遙遊》

許由說：「

平時是你在治理天下，天下既然都已經治理好了，

而我卻還要去取代你，難道我是為了得到美名嗎？

『名』是『實』的輔助品，我要這輔助品幹什麼？

小鳥在森林中築巢，不過佔用一叢樹枝；

鼴鼠到大河邊飲水，不過想要填飽肚子。

你還是打消念頭回去吧！天下對我沒有任何用處。廚師即使不下廚，主祭的巫師也不會替他下廚的！」

在堯看來，把帝位禪讓給許由，是一件「實至名歸」的事情；但對許由來說，他並不覺得自己有任何功勞，既然沒有「實」，又何必加之以「名」？所以他才拒絕接受堯的禪讓。值得注意的是，許由並非故作推託的姿態，而是打從心裡不知道自己何時平定了天下，因為他只是「讓」宇宙自行運作，然後敞開心胸接受恩典的降臨而已，自己連一絲一毫都未曾干涉其中。

在許由看來，人生天地間，只要有個地方睡覺，有個地方喝水也就足夠了，宇宙的恩典其實無處不在，一切榮譽或美名都是多餘的；「帝位」也只不過是人類社會製造出來的一個小玩具而已，對於一個已經圓滿、成熟的人而言，要一個這樣的玩具有什麼用？《莊子》接著說：

宋人資章甫而適諸越，越人斷髮文身，無所用之。堯治天下之民，平海內之政，往見四子藐姑射之山，汾水之陽，窅然喪其天下焉。

——《莊子．逍遙遊》

有個宋國人帶著衣冠，想到南越去做買賣，不料南越之民不蓄髮，且以刺青遮蔽身體，衣冠對他們而言沒有絲毫用處。

（同樣的道理：）

堯治理好天下的百姓，安定了海內的政局，到姑射山及汾水北面，拜見四位神人之後，不禁悵然若失，忘了自己平定天下的功業。

堯平定了天下，安定了政局，已經達到了人類社會的最高成就。正當堯自鳴得意的時候，在姑射山上的神人面前，竟突然覺得自己好像是個幼稚的孩童，正抓著破爛的玩具熊在大人面前炫耀，還自以為是多麼了不起的東西，就像宋人拿著衣冠去賣給南越的人民一樣愚蠢——這實在是情何以堪。

只要我們成長到了「人類成人」的階段，一般世人所看重的東西，無論名聲、財富或權力都會頓時失去吸引力，因為我們已經發現了比這些更有價值的東西，那就是宇宙的恩典。如果我們無時無刻都沐浴在恩典之中，又何必藉由外在的名聲或權力來肯定自己的價值？

天之小人，人之君子；人之君子，天之小人也。

——《莊子．大宗師》

被宇宙視為孩童的，卻被一般人視為君子；被一般人視為君子的，卻被宇宙視為孩童。

因此，從宇宙的角度來看，那些享有人間最高榮譽的人們，可能都只是些幼稚的孩童。如果驅使他們爬上高位的動力，只是想得到外在價值的肯定的話，他們的客觀地位愈高，其實就愈反映出他們的內在一直是個無比匱乏的小孩。也許他們是非常成功的小孩，但不管他們的地位、成就再高，也填滿不了內在價值的空虛，他們還是會用盡餘生向外追求，藉此逃避自己的成長之旅。

那成熟的人呢？當下就是了。
他們早已活在恩典之中，
這一刻也是，下一刻也是。
由於他們實在太忙於享受恩典，
根本無暇往外追求他人的肯定。
就算偶然得到了人間的美名，
那對他們而言，也宛如浮雲，
一點兒　也不值得在意。

第十課　情歸天地

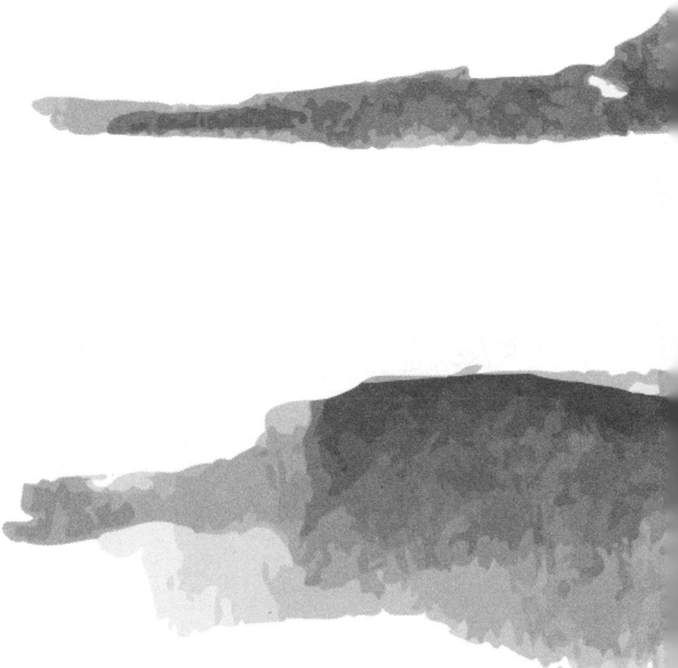

真正的「愛」

一個真正成熟的人，會如何愛人？——這是自懂事之初，便一直困惑著我的問題。後來，大約在十六七歲的年紀，偶然在某本書中讀到這一段話，內心便被深深撼動：

天地不仁，以萬物為芻狗。

——《老子．第五章》

宇宙不需要仁民愛物，
它將萬物都視為野草與野狗，
（它們早已擁有生存所必須的一切。）⑯

當時仍是憤世嫉俗的青少年，並不了解這句話是什麼意思，單純覺得天地太殘忍了，它創造了萬物卻又不肯負責到底，不管人民多麼水深火熱它也不管。高中老師解釋道，《老子》這句話的意思是「天地無偏私之愛」，但當時小小的心靈還不能理解何謂「無私的愛」，我無法分辨「無私的愛」跟「沒有愛」之間的差異。對我來說，「愛」就應該表現出來，不然我怎麼知道你到底愛不愛我？

後來的幾年，愛過幾個人，也被幾個人愛過，跟家人朋友也互相傷害過幾次，才漸漸有辦法分辨什麼是「愛」，而什麼又是以愛為名的「索取」。

要本身有愛的人才能給別人愛，本身沒有愛的人無法，他做不到，因為他的內心不相信世上真有不求回報的付出。我認為，每個人在成長過程中都應該學習如何去愛，而愛的第一課就是別誤把「取悅」當成愛；「取悅」的邏輯若不是「我對你好，所以你也要對我好」，就是「我對你好，所以你不要離開我」，一旦開啟這個交易的循環，就永遠也停不下來了。

16. 芻狗，一般解釋為用草紮成的祭祀品，我們不依此解。我們根據的是王弼對《老子》的詮釋，王弼對這一段話的理解是十分優異的：「地不為獸生芻，而獸食芻；不為人生狗，而人食狗。無為於萬物而萬物各適其所用，則莫不贍矣。」（翻譯：大地並非為了野獸而生的草，但野獸自然會去吃草；大地也並非為了人類而生的狗，但人類自然會去吃狗。不必幫助萬物，萬物就可以各自取用自己的所需，從未有過不富足的。）

如果無法脫離自我中心的話，我們的所思所想都只會從自己的立場出發；嘴上雖說著愛人，實際上只是為了滿足自我，企圖以取悅別人的方式，讓別人配合自己的劇本演出罷了。這種人只會把別人當成劇本中的某個角色，並總是因這些角色不按自己的劇本演出而憤怒、哀傷，卻從不去了解這些演員是否也有自己期待中的人生劇本。

「愛」就是包容、允許每一個人都可以演出自己理想中的劇本。除非我們先將自己心中的那套劇本給拿走，否則我們很難真心敞開，允許身邊的人去追求自己的人生。我們總是會想：那我呢？如果沒有人來演出我的劇本，難道我就只能演一齣獨角戲嗎？——當然，每個人都想當自己人生的主角，但如果我們想學會真正的「愛」，那就得先離開主角的光環，學著去欣賞別人的人生，並協助他們實現自己的人生。

莊子說，一個真正偉大的統治者，是這樣愛他的人民的：

老聃曰：「明王之治，功蓋天下而似不自己，化貸萬物而民弗恃。有莫舉名，使物自喜。立乎不測，而遊於無有者也。」

——《莊子．應帝王》

老子說：「聖王治理天下，
全天下都廣被恩澤，卻似乎不是他的功勞，
萬物都蒙受教化，人民卻不覺得有所依賴。
沒人知道他用什麼方法治理天下，
萬物都各自發揮天賦而自覺欣喜。
他在變化之間立身，
他在虛無之中遊走。」

原來，最成熟的「愛」，是去幫助他但卻讓他完全覺察不到。
當他跌倒、當他受傷的時候，我們雖然心急，但卻不能出手，
因為我們知道，每個人都必須完成自己的成長之旅，
沒有人能剝奪他學習的機會，他必須靠自己的力量重新站起來。
一旦我們忍不住出手，不只是在向他邀功，也阻礙了他的成長。

在他成功之後，他不會知道曾接受過我們的幫助，
但這又如何？
只要在他身後，看著他實現自己，
這就是我們最大的滿足了。
就算他的身邊已經有了別人，也無所謂。

沒錯，我們會歷盡心碎，
但若要愛，就必須先讓自己的心碎。

那我們自己呢？難道我們就完全不需要被愛嗎？
當我們覺得自己沒有被愛的時候，
有沒有可能，我們早已在愛之中；
只是這份愛太偉大，
偉大到全然無法覺察？

相忘於江湖

泉涸，魚相與處於陸，相呴以溼，相濡以沫，不如相忘於江湖。與其譽堯而非桀，不如兩忘而化其道。夫大塊載我以形，勞我以生，佚我以老，息我以死。故善吾生者，乃所以善吾死也。

——《莊子．大宗師》

湖水乾涸之後，魚群在乾旱的陸地上生存，牠們只好互相呵氣、互相吐沫來得到水分，與其如此，不如悠游於湖水中，彼此相忘。

與其稱讚堯是個明君，責罵桀是個暴君，
不如在大道之中忘記明君與暴君的差異。

這片大地，
命我降生，故我得有肉身，
命我勞動，故我得以維生，
命我衰老，故我得以清閒，
命我死亡，故我得以安息。
既然大地完善了我的生存，
它自然也會完善我的死亡。

我們為什麼覺得孤獨？因為我們採取了一種「分離」的角度，來理解自己與世界的關係。在這個世界上生活，我們通常只會看見一個一個的個體，每個人都有自己的想法，都有自己的軌道在運行，好像每個人都是一座孤島，只能靠自己。

莊子用魚的故事來形容這種狀態。莊子說，假如這裡有一座池塘，池子裡的水全都乾涸了，所有的魚都會癱在地面上奄奄一息。魚兒們唯一自救的方法，就是用自己的口水來滋潤，讓彼此能稍微舒服一點。

你看，這不就是人類現在的狀況嗎？我們每個人都以為自己是獨立的個體，但實際上，我們又沒辦法單靠自己一個人活下去，一定要與別人相依為命，至少也要求得一個心靈的安慰，否則我們肯定會精神失常，會發瘋的。正因如此，我們在人與人之間建立了許多關係，像是親子關係、婚姻關係、僱傭關係等等，用以確保彼此真的能互相給予、互相索求；當然，在這些關係中，也產生了許多互相傷害。

「這樣真的太辛苦了。」莊子說，「為什麼不把魚放回江湖裡，讓牠們悠遊自在呢？」

莊子要說的是，我們其實都不是孤零零的個體。我們每一個人，只要在世界上活著，其實就已經活在無限的「愛」之中了——地球愛我們，所以允許我們在它上面生活；動物愛我們，所以允許我們捕獵它，享用它；父母愛我們，所以讓我們誕生於世；每個環境、每個角落都愛我們，所以才會為我們敞開，讓我們得以在其中自由移動。

其實，我們一直都活在「愛」之中，只是因為被不信任與恐懼的感受所主導，所以才會覺得孤獨、寂寞。莊子所謂的「江湖」其實就是天與地，我們每個人都是天地的孩子，永遠受到天地的愛與照顧；既然我們早已身在天地的恩典中，又何須與他人「相呴以濕，相濡以沫」呢？一起「相忘於江湖」吧！

每當我讀到「大塊載我以形，勞我以生，佚我以老，息我以死」這一句話的時候，內在就會充滿感激。這是真的，不管你是個什麼樣的人，是聖王也好、暴君也罷，在這個世界上都已經有了一席之地，你所待著的地方就是，不必再向外追求。

無論你信與不信，
宇宙既然讓我們存在在這裡，
祂就是「愛」我們的，
千真萬確，無需證明。

蘇東坡的這一番話，可以說完全得到了《莊子》的精髓：

且夫天地之間，物各有主，
苟非吾之所有，雖一毫而莫取。
惟江上之清風，與山間之明月，
耳得之而為聲，目遇之而成色；
取之無禁，用之不竭，
是造物者之無盡藏也，
而吾與子之所共適。

——蘇軾〈前赤壁賦〉

天地之間，一切事物都有它的歸屬，
如果它本身就不屬於我，又何必去強求。
聽那江上的清風，看那山上的一輪明月，

一個是耳朵的佳餚，一個是眼睛的饗宴，
不管怎麼聽都不會被禁止，
不管怎麼看都不會被耗盡，
這就是造物者免費提供給我們的寶藏，
無論是我還是你，都可以盡情地享用。

請不要覺得孤獨，因為並沒有孤獨這回事。
請不要覺得匱乏，因為也沒有匱乏這回事。
請不要覺得需要救贖，因為你已在救贖中。

當下就是。

全然臣服

成熟的人知道自己時時刻刻都在「愛」之中，所以他對天地之間所有的可能性敞開；哪怕他遭受一場嚴重的意外，哪怕他患了絕症，哪怕他下一刻就要死了，他也通通都可以處之泰然，完全接納天地給他的「愛」。因為他對天地有無窮的信心、無窮的感激。

《莊子》曾說過一個寓言故事，令人非常動容：

> 子祀、子輿、子犁、子來四人相與語曰：「孰能以無為首，以生為脊，以死為尻，孰知生死存亡之一體者，吾與之友矣。」四人相視而笑，莫逆於心，遂相與為友。
>
> ——《莊子．大宗師》

子祀、子輿、子犁、子來四個人互相說：

「誰能把『無』當成頭，把『生』當成脊椎，把『死』當成屁股，誰能把死、生、存、亡都當成是一體的，我就願意和他做朋友。」

四個人相視而笑，心心相印，於是互相結為朋友。

佛家說「生老病死」是苦，但這只是從狹小的人類觀點出發所獲致的結論；從宇宙的觀點看，「生老病死」都是它給人類的禮物，而且這是一個套餐，你不能挑食，說自己只要「生」而不要「老病死」，或說自己只要「死」而不要「生」。這是任性的小孩才會做的事。由於子祀、子輿、子犁、子來四個人都已經是成熟的人類，所以他們欣然接受宇宙的安排，完全臣服而不抵抗。

有一天，子輿生病了，而且病得很重，身體扭曲得不成人形，非常可怕。這是他人生中最嚴酷的考驗，面對這種猛烈的「愛」，他究竟能不能繼續向宇宙臣服？或是他會怨天尤人？

俄而子輿有病，子祀往問之。曰：「偉哉！夫造物者，將以予為此拘拘也！」曲僂發背，上有五管，頤隱於齊，肩高於頂，句贅指天。陰陽之氣有沴，其心閒而無事，跰足而鑑於井，曰：「嗟乎！夫造物者，又將以予為此拘拘也！」子祀曰：「汝惡之乎？」曰：「亡，予何惡！浸假而化予之左臂以為雞，予因以求時夜；浸假而化予之右臂以為彈，予因以求鴞炙；浸假而化予之尻以為輪，以神為馬，予因以乘之，豈更駕哉！且夫得者時也，失者順也，安時而處順，哀樂不能入也。此古之所謂縣解也，而不能自解者，物有結之，且夫物不勝天久矣，吾又何惡焉？」

——《莊子．大宗師》

不久之後，子輿生病了，子祀去探望他。

子輿說：「宇宙真是偉大！把我的身體搞成這樣蹺曲的樣子。」

原來子輿的腰彎曲了，背骨也凸了出來，上面有五根脈管隆起，
下巴都鑽到肚臍裡去了，兩個肩膀比頭更高，髮髻也直指天際。
陰陽二氣完全錯亂不協調，但他的內心卻安然宛若無事。
他輕快走到井邊，看著倒映在水中的容貌，
他說：「感恩宇宙！讚歎宇宙！祂竟然又把我變得如此踡曲！」

子祀問他：「你覺得痛苦嗎？」

子輿說：「不，怎麼會呢！
假如把我的左手變成雞，我就用它來叫大家起床；
假如把我的右手變成彈弓，我就用它來打鳥肉吃；
假如把我的屁股變成車輪，又把我的思想變成馬，
我就坐著這輛馬車到處遊歷，又何須其他座駕呢！
得到了，是時運賜予我；失去了，就順應變化。

安於時運並順應變化，悲傷喜悅都影響不了我。
這就是古人所說的『解脫』。
如果不能得到解脫，是因為被外物制約了，
然而外物絕對無法戰勝宇宙的造化，
我又何必感到痛苦呢！」

對子輿來說，宇宙的一切安排都是恩典，宇宙給他的每一個遭遇，都是一次改寫生命腳本的契機。他不會預先寫好一個人生的腳本，認為應該要怎麼發展才是幸運，怎樣發展就是不幸；而是不管宇宙把他變得怎樣，他都能據以改寫生命腳本，創造自己人生的意義。如果宇宙把他的手變成雞，他就用它來當鬧鐘；如果宇宙把他的手變成彈弓，他就用它來抓小鳥；如果宇宙把他變成馬車，那他就可以四處遊歷而不必搭車了。

我們每個人身上多少都有一些自己不滿意的地方，我就對自己有很多不滿意；我很愛美，總覺得自己的眼睛不好看，嘴巴不好看，身體很多部位都不夠好看。莊子要告訴我們的是，你當然可以去整形、化妝，讓自己變成自己想要的樣子，但宇宙之所以給你這樣的身體，給你這樣的命運，其實是想跟你說：如果夠勇敢，就用你現在這個樣子，去活出一個與眾不同的人生！

這就是它給你的恩典，要不要接受，由你自己決定。

情歸天地

我猜想，也許有些人看到這裡，會覺得這根本不是「愛」，這就是無情，就是麻木無感而已。

情感是一個人生命中最重要的東西，如果我像莊子所說的一樣，對天地萬物、死生變化完全無動於衷，那我豈不是變成一顆石頭？來這個世界上走這一遭，有任何意義嗎？——在本課程結束之前，我想再藉由幾則小故事，翻轉一下我們對「情」與「愛」的觀念。

第一則來自《世說新語》，講的是東晉高僧・支道林養鶴的故事：

支公好鶴，住剡東岇山。有人遺其雙鶴，少時翅長欲飛。支意惜之，乃鎩其翮。鶴軒翥不復能飛，乃反顧翅，垂頭，視之如有懊喪意。林曰：「既有凌霄之姿，何肯為人作耳目近玩？」養令翮成，置使飛去。

——《世說新語・言語》

支道林喜歡鶴，他住在剡東岇山這個地方。

有一天，朋友送了他兩隻鶴，

養了一段時間，鶴的羽翼豐滿了，便想飛走。

支道林捨不得讓牠們飛走，於是剪去牠們的羽毛。

這兩隻鶴舉起翅膀，再也不能飛，

便看著自己的翅膀，頭低低垂著，
看起來好像很痛苦的樣子。

支道林好像領悟了什麼。他說：「
既然有飛上青天的本事，
又怎麼肯留在人類身邊，
被當成寵物一般賞玩呢？」

於是支道林又養育了一段時間，
等牠們羽翼豐滿了，
就放出來，讓牠們飛走。

從這個故事中，我們可以看到支道林始終都是個愛鶴的人，只是他「愛」的方式不一樣了。

最初，支道林是從「我」的角度出發——因為我愛你，所以才想要把你留在我身邊，不忍心放你到外面的世界受苦，不忍心看到你風吹雨淋。正是基於這樣的「愛」，所以他剪去了鶴的羽毛，想要永遠把鶴留在自己身邊好好照料。他以為這樣就是對牠好。

但是，一隻不能在天地間自由自在飛翔的鶴，還能算是鶴嗎？

這隻鶴總是垂頭喪氣，看著自己殘缺的翅膀，想飛而不能飛。雖然牠住在華美的園林之中，吃著高級的飼料，但牠已經漸漸搞不清楚自己是誰：究竟我是一隻鶴，還是一個任人賞玩的器物？

最後支道林終於領悟了，他以為這樣是對牠好，但那不過都是自己的一廂情願罷了。如果真的愛牠，就要讓牠自由自在，成為牠最真實的樣子。於是支道林等到鶴的羽翼豐滿後，就放走了牠，讓牠回歸於天地——就算牠可能會風吹雨淋，就算牠可能會橫死於獵人之手，下場令人心碎，但支道林知道，其實這對牠才是真正的好，是愛牠的最佳方式。

——因為我實在太愛你了，愛到願意讓你成為你自己。

這真是個動人的故事，它讓我們思考，我們真的知道什麼是「愛」嗎？

以「我」為出發點的愛，每個人都看得見；但世界上還有另一種愛，真正偉大的愛，也就是以「無我」為出發點的愛，雖然沒有人能看得見，但它卻很真實。

天地的愛，讓一般人完全覺察不到，但它是千真萬確的。《莊子》記載了一個故事，這個故事乍看之下令人心酸，多讀幾次才能明白其意蘊：

子輿與子桑友，而霖雨十日，子輿曰：「子桑殆病矣！」裹飯而往食之。至子桑之門，則若歌若哭，鼓琴曰：「父邪母邪！天乎人乎！」有不任其聲，而趨舉其詩焉。子輿入，曰：「子之歌詩，何故若是？」曰：「吾思乎使我至此極者而弗得也。父母豈欲吾貧哉？天無私覆，地無私載，天地豈私貧我哉？求其為之者而不得也。然而至此極者，命也夫！」

——《莊子．大宗師》

子輿跟子桑是好朋友，外面下了整整十天的豪雨，子輿說：「子桑大概被困住了吧！」於是帶著一些糧食去見他。到了門口，就聽見子桑好像在唱歌，又好像在啼哭，他彈著琴唱道：「父啊！母啊！天啊！人啊！」

聲音聽起來十分微弱，但是依然不斷地吟唱著歌詞。

子輿開門進來，問他：「你為什麼要唱這些東西？」

子桑說：「我在思考為什麼我會過得這麼痛苦，但卻找不到原因。父母難道會特別苛待我嗎？天地都是無私地長養著所有萬物，難道天地會特別苛待我嗎？就算求祂這麼做也是不可能的。我之所以過得這麼辛苦，大概是因為命該如此吧！」

子桑大概是一個生活本來就很艱困的人，沒有什麼錢，所以家裡一點糧食也沒有；外面一旦下起連日豪雨，出不了門，就只好餓肚子了。他的朋友子輿可能經濟狀況比較好一些，一想到子桑可能會餓死，就趕緊帶了一些糧食去找他。想不到還沒進門，就聽到子桑在唱歌，而且聲音聽起來像是快死掉了。他進門之後，就問子桑為何要唱這些沒人聽得懂的歌，子桑便告訴他，他正在思考為何自己的人生會遇到這麼多艱難的考驗，差點都要活不下去了。

一般人只要遇到一些不順遂的事，就很容易怨天尤人，或是歸咎於水星逆行，但子桑卻沒有。子桑說，天地既然把我生了下來，祂們就是我的父母；父母親怎麼可能會苛待自己的孩子呢？別忘了，「天無私覆，地無私載」——一切萬物，皆是天地所生，祂們對萬物的「愛」是一視同仁的，不可能會偏愛獅子，虧待綿羊；所以，當然也不會偏愛富貴人家，而虧待貧困的士人。

天地對萬物是完全公平的，這就是祂們的「愛」。

那麼，這個世界上為什麼還會有那麼多不公平的現象呢？為什麼有些人就是含著金湯匙出生，一輩子不愁吃穿；而有些人就是一生顛沛流離，重病纏身，無人聞問呢？——佛教會告訴你，欲問前世因，但看今日果，你肯定是上輩子做了什麼壞事；然而，莊子會告訴你，沒有原因。

沒有原因！

人生中，一切的好與壞，貴與賤，都是天地間不可或缺的一部分。這個世界上不可能只有高的而沒有低的，只有亮的而沒有暗的；無論如何，只要一個東西存在就必然有它的道理。只要明白這一點，對於天地給我們的「恩典」，無論你想要或不想要，都只要充滿感激地接受就是了。

如果我們一輩子都是個人類孩童的話，到了死前的那一刻，也許我們還不知道自己為何要來世界上走一遭，又為何要遭遇這麼多的磨難與考驗；如果我們轉化為人類成人，就能充滿感恩地接納此生所遭逢的一切，毫無遺憾地回歸天地的懷抱。所以我們都要走上自己的成長之旅，超越個人狹小的視野，與宇宙同步，學著從天地的角度來看待一切，體味自己生命的意義。

最後一課

莊子將死，弟子欲厚葬之。莊子曰：「吾以天地為棺槨，以日月為連璧，星辰為珠璣，萬物為齎送。吾葬具豈不備邪？何以加此！」弟子曰：「吾恐烏鳶之食夫子也。」莊子曰：「在上為烏鳶食，在下為螻蟻食，奪彼與此，何其偏也！」

——《莊子．列禦寇》

莊子即將要死了，弟子們打算厚葬他。

莊子說：「

我把天地當作棺材，把日月當作雙璧，

把星辰當作珠寶，把萬物當作陪葬品。

我的葬禮難道還不夠完備嗎？
你們到底還想添加什麼東西！」

弟子們說：「我們擔心烏鴉和老鷹會吃掉老師的遺體呀！」

莊子說：「
把遺體放在地上是會被烏鴉、老鷹吃掉，
埋在地下則是會被螞蟻吃掉。
你們不過是奪走烏鴉、老鷹嘴裡的食物，
用來送給螞蟻吃而已。
唉，何必如此偏心呢！」

莊子要教給學生的最後一課，是死亡。

雖然莊子看起來很無情，
但懂的人自然會了解，
他其實是太多情了，
多情到了極點，
只能無情。

他無法偏愛螻蟻，
也無法偏愛老鷹與烏鴉。
他對天地萬物有同等的愛，
如果硬要逼他選擇，
只會讓他為難。

莊子也不需要葬禮，
葬禮只是人類孤獨的證明，

人類無法接受自己死後被人遺忘，
但莊子知道他並不會因死而消亡。

從天地而來，
歸天地而去罷了。
有天地日月星辰萬物為他送行，
這無疑已是人間最完備的葬禮。

他已情歸天地。

參考文獻

卡蘿·皮爾森：《內在英雄》，臺北：立緒出版社。
何乏筆等著：《若莊子說法語》，臺北：臺大出版中心。
克里斯多福·孟：《親密關係——通往靈魂之橋》，臺北：漫步出版社。
余嘉錫：《世說新語箋疏》，北京：中華書局。
阿迪亞香提：《覺醒之後》，臺北：自由之丘出版社。
阿迪亞香提：《受苦的力量》，臺北：自由之丘出版社。
阿迪亞香提：《真正的靜心》，臺北：自由之丘出版社。
馬克·吐溫：《神秘的陌生人》，安徽：安徽人民出版社。
徐聖心：《《莊子》內篇「夢」字意蘊試詮》，新北：花木蘭出版社。
徐聖心：《莊子「三言」的創用及其後設意義》，新北：花木蘭出版社。
郭象：《莊子注》，臺北：藝文印書館。
郭慶藩：《莊子集釋》，臺北：萬卷樓出版社。
崔大華：《莊子歧解》，北京：中華書局。

理查・巴哈：《夢幻飛行》，臺北：方智出版社。
畢來德：《莊子四講》，北京：中華書局。
黃錦鋐：《莊子讀本》，臺北：三民書局。
傑德・麥肯納：《靈性開悟不是你想的那樣》，臺北：方智出版社。
傑德・麥肯納：《靈性衝撞》，臺北：方智出版社。
傑德・麥肯納：《靈性的自我開戰》，臺北：方智出版社。
楊儒賓：《儒門內的莊子》，臺北：聯經出版社。
蓋瑞・祖卡夫：《新靈魂觀》，臺北：漫步出版社。
樓宇烈：《王弼集校釋》，臺北：華正書局。
蔡育螢：《分析心理學思維下的易學詮釋——以衛德明為考察中心》，臺北：國立臺灣大學中國文學研究所碩士論文。
錢穆：《莊子纂箋》，臺北：三民書局。
韓林合：《虛己以游世——《莊子》哲學研究（修訂版）》，北京：商務印書館。
譚家哲：《形上史論》，上下冊，臺北：唐山出版社。
譚家哲：《論語與中國思想研究》，臺北：唐山出版社。

跋

能為古代經典寫下深刻、細膩的解讀，並將其介紹給現代讀者，是我的畢生心願。從前只是不斷在心中醞釀這樣的想法，沒想過有一天會成真；如今此書出版在即，心裡頭百感交集，不免想要交代一些來龍去脈，及比較個人的內心感受。

無論現行的教育制度如何為人詬病，我對古代經典的認識，仍是始於國文課本中的選文。在國高中時期，我唯一擅長的科目就只有國文，有可能是天分，也有可能上輩子就是讀書人，這些文章對我來說全不是死記硬背的知識，而是活生生的生命體驗。每讀一篇文章，就是與古人進行一次精神上的交流，這在我的青少年苦悶生涯中是唯一值得欣慰的事；儘管如此，當時對於課本或參考書上的解釋，仍有許多困惑、覺得說不通的地方，但既然高中考試只要求記誦標準答案，我也便這樣讀過去了，並未有更深入的思考。

後來讀了中文系所，在我的啟蒙恩師張麗珠教授的「中國思想史」課堂上，我第一次知道什麼是系統式的閱讀與思考。我知道每個哲學家都有一個主要關心的議題，他對宇宙萬物、諸般事理的思索都是圍繞著這一個議題展開的，所以哲學家所說的每一句話都應該放在這個系統上來理解。以此方法重新閱讀古代經典，便不再是一篇一篇瑣碎的文字，而能得到更加合理、全面、深刻的解釋，終於解答了許多高中時期讀書的困惑。

在學院求學時期，我也接觸了當代新儒家及許多大學者的著作，這些大師對古代經典的精彩詮釋，拓展了我的眼界，也讓我的思辨能力得到了良好的訓練。然而，要能夠擺脫這些大師們的「陰影」，一字一句細讀、體味古人的文字，並在自己的生命中加以印證，提煉出屬於自己的見解，還得要等到離開學院之後。

我發現，我們現代人對於許多經典的解釋，往往是根據某些大師的見解而形成的；就像讀《論》、《孟》必然根據朱熹的注解，有一些會參考王陽明或新儒家，有一些則是參考清代漢學家如劉寶楠、焦循等人的著作。無論如何，我們對這些古代經典的理解已經有一套固定的「方程式」，我們以為古代經典就是這一套又一套的方程式，很少有人會再針對文本進行細膩的閱讀與思考。

什麼是「針對文本進行細膩的閱讀與思考」？舉個例子來說：

聖王不作，諸侯放恣，處士橫議，楊朱、墨翟之言盈天下。天下之言，不歸楊，則歸墨。楊氏為我，是無君也；墨氏兼愛，是無父也。無父無君，是禽獸也。公明儀曰：「庖有肥肉，廄有肥馬，民有飢色，野有餓莩，此率獸而食人也。」楊墨之道不息，孔子之道不著，是邪說誣民，充塞仁義也。仁義充塞，則率獸食人，人將相食。吾為此懼，閑先聖之道，距楊墨，放淫辭，邪說者不得作。作於其心，害於其事；作於其事，害於其政。聖人復起，不易吾言矣。（《孟子．滕文公下》）

這篇文章長期收錄在高中課本中，每一個字句都會附上注釋與翻譯；但很可惜，所謂的「閱讀」與「理解」並非把古文翻譯成白話文就了事。針對這一段文字，需要思考的問題至少有：

(1) 為什麼楊朱「為我」會導致「無君」？為什麼墨翟「兼愛」會導致「無父」？

(2)「無父無君，是禽獸也」指的是楊朱與墨翟？還是一般的老百姓？

(3)這一段話明明是在討論楊朱與墨翟思想的禍害，為何中間引用了公明儀所說的「庖有肥肉，廄有肥馬，民有飢色，野有餓莩，此率獸而食人也」？這段引文，與整篇文章的脈絡有何關聯？

(4)「楊墨之道不息，孔子之道不著」為何必然導致「率獸食人，人將相食」？「率獸食人，人將相食」是一個比喻，還是描述真實的情況？

(5)從「作於其心，害於其事；作於其事，害於其政」一句，可以看出孟子對「天下大亂」一事，有何思考？他如何回應本章開頭所說的「予豈好辯哉」？

以上列出來的問題，雖然看起來都是小問題，但如果無法順暢地一一解答，就表示我們對文本的理解不夠紮實；如果對文本的理解不夠紮實，又怎能確定我們真的理解孟子的思路？如果我們不完全理解孟子的思路，我們又怎能如此自信，以為自己真的了解《孟子》一書的思想？

我發現，當我的閱讀已經細膩、深入到文本的肌理內部時，我所提出來的問題幾乎沒有任何一本書能夠予以解答，所以我只能開啟自己一個人的思想之旅。也就是說，我必須極力擴張自己的生命體驗，提升自己的思辨能力，才能解答這些古代經典中令人疑惑難解的部分；而我最高的期待，就是能穿越語言與時空的阻隔，與這些哲學家們進行靈魂上的交流，並與他們站在同樣的高度上，去審視人類的永恆課題。

在這一趟思想之旅中，由於個人的偏好及教學需求，我對《論》、《孟》、《老》、《莊》四部經典所下的功夫是最深刻的；而這四部經典中，《莊子》對我而言尤其具有特別的意義。打個比方，孔子、孟子、老子這三位大哲，比較像我的老師，他們主要關注政治議題，力圖以政治的方法改變人類處境；對我這個凡夫俗子而言，那是一個只能心嚮往之，而難以親身實踐的領域。但莊子就不一樣了，莊子像是我的朋友。《莊子》書中所說的道理，幾乎都能印證在我的生命中；在我生命最困難、最苦悶的時期，也是《莊子》陪我走過。所以我對於《莊子》，自有一種類似「知己」的感激與欣賞之情。

因此，當出版社希望我能為這些古代經典寫下屬於我個人的「當代詮釋」時，我第一個想到的就是《莊子》，因為這個世界上再也找不到第二本書，會讓我在詮釋的過程中，就像是在詮釋我自己的生命歷程一樣的喜悅與顫動。儘管市面上已有許多《莊子》的翻譯與導讀書籍，也有許多大作家、大學者所作的當代詮釋，但我認為，我的這一本書仍有其獨特的風貌，可以讓讀者發現莊子思想的另一個面相。

值得說明的是，在本書的寫作過程中，我有意識地撇開「學術性」的寫作方式。比如說，因為《莊子》一向被視為「道家」典籍，所以一般人談《莊子》大多會先談「道論」，把《莊子》書中有關「道」的段落全部截取出來，分析莊子對「道」的理解如何如何，然後他在現實生活中如何落實「道」的精神……等等；雖然這是一種標準的學術寫作，但這對於《莊子》的理解並沒有太大幫助，因為「道」在莊子思想中並非首要的概念，即使不了解「道」，閱讀《莊子》一書也不會有太大的阻礙，故而在本書幾乎全部略而不講。我直接切入莊子最關心的人生問題，只有在文章中出現「道」的部分，才順著文章脈絡稍作解釋，這是我再三權衡過後，覺得比較可行的寫作方式。

其次，我秉持著「除非有真切的體悟，否則不輕易下筆」的寫作原則。因為《莊子》是一部龐雜的集體著作，內容豐富多元，不同的篇章闡發不同的主題，甚至有一些表面上或實際上的矛盾衝突，並非用一套完整的系統就能窮盡其全部思想；因此，我在寫作過程中必須有所選擇，不可能從頭到尾按照順序一篇一篇地講，而是要能抓住關鍵的篇章，以小見大，勾勒出莊子的思想風貌。本書所選擇的，都是我個人覺得特別有感悟、確實可以在生命中加以印證的篇章，希望能讓讀者看到一個活生生的莊子，他是如何克服人生的種種難題，最終達到「獨與天地精神往來」的境界，而不只是一套冷冰冰的哲學思索。

最後，身為一位高中國文教師，我希望這本書也能夠發揮教育意義。「深入淺出」是一項教育的專業，如何把深奧難解的東西，用淺顯而有邏輯的語言傳達出來，讓所有的學生都能聽得懂，考驗到教師本人的專業素養，我希望這本書能達到這樣的理想境界。書中所附的翻譯，都是經過我本人再三斟酌、揣摩過後的「超譯」，希望能在忠實於原文的基礎上，將古代的文字轉化成現代活生生的語言，讓讀者都能與莊子進行一場現代的對話。我也希望我對於《莊子》文本的詮釋，能讓正在讀高中的學生、或正在高中教書的老師們有所啟發，讓他們知道原來可以如此具體地理解《莊子》的思想；如果青年學子能因此書而開啟自身對於人生的思索，那會是我更加欣慰的事。

除了分析《莊子》思想之外，在本書篇末，我還附上了四篇「附錄」，這四篇都與高中國文有關：

附錄一是對劉鶚《老殘遊記．自序》的分析。《老殘遊記》中的「大明湖」與「明湖居聽書」是所有國高中生都必須選讀的篇章，但從這兩篇文章很難看出，劉鶚其實是抱著極為沉痛的心情在寫這部小說的。劉鶚在〈自序〉中認為屈原、莊子、司馬遷、杜甫、李煜、王實甫、曹雪芹都是「以哭泣成書」的代表人物，而他所寫的《老殘遊記》自然也是「以哭泣成書」。讀了這篇文章，我們不禁思考：莊子提倡一種「無心無情」的人生觀，他應該是世界上最沒有感情的人才對，為何劉鶚卻說「《莊子》為蒙叟之哭泣」？——原來，這些作者都是看似無情、實則多情的人，必須從他們的字裡行間看出哭泣的痕跡，才算真正理解了他們創作的心理狀態。

附錄二是對柳宗元〈始得西山宴遊記〉的分析，附錄三則是對蘇軾〈前赤壁賦〉的分析。這兩篇文章都是高中國文的必選篇目，而且都是在兩位作者的人生中最低潮、最痛苦的時期所寫下的；而令人驚訝的是，兩位作者最後竟都是透過《莊子》思想，重新找到安頓人生的方法。如果我們不懂《莊子》，就無法完全理解這兩篇文章的涵義，所以我們必須以《莊子》思想重讀這兩篇文章；同時，我們也希望透過柳宗元與蘇軾這兩位大作家的親身見證，告訴各位讀者，《莊子》思想確實是可以在人生中實際運用出來的「實學」。

附錄四是對王羲之〈蘭亭集序〉的分析，一樣是從《莊子》思想來重新解讀這篇文章；但不同的是，王羲之是站在《莊子》的對立面，他不認同《莊子》所提倡的人生觀。其實，《莊子》與王羲之都觸及了生命最深沉的問題——生與死，及人生的毫無意義，但王羲之提出了另一種跟《莊子》完全不同的方法來安頓生命。因此，以〈蘭亭集序〉做為本書的終結，我覺得是非常恰當的，我希望讀者了解，雖然我寫這本書是為了提倡《莊子》的人生觀，但我們的人生也可以不必像《莊子》一樣活著，你仍可以有不同的選擇。

這本書得以順利出版，得先感謝宇宙；若非宇宙造化的安排，「厭世哲學家」的粉絲專頁又怎會引發大眾的關注？其次要感謝本書的編輯群，是他們的鼓勵、包容與催促，才讓患得患失又有拖延症的我最終能交出這份書稿。還要感謝幾位經常與我切磋討論的親友與師長——我的父母、摯友楊璨丞、馮宜翎、楊子漠、林麗真老師、林明照老師、劉滄龍老師等等；還有許多曾以各種形式陪伴我、教導我的人生過客們，如果我沒有真切地感受過人生，也就無法寫出這樣一部作品。最後，感謝正在閱讀本書的你，是你們的實際支持，我才有機會繼續寫下一本書，希望很快又有新作品跟你們見面。

厭世哲學家
2018.10.28 初稿
2018.12.02 修訂

附錄一：《莊子》為蒙叟之哭泣

——劉鶚的「哭泣成書」說

嬰兒墮地，其泣也呱呱。又其老死，家人環繞，其哭也號咷。然則哭泣也者，固人之所以成始成終也。其間人品之高下，以其哭泣之多寡為衡。蓋哭泣者，靈性之現象也，有一分靈性即有一分之哭泣，而際遇之順逆不與焉。

馬與牛終歲勤苦，食不過芻秣，與鞭策相終始，可謂辛苦矣。然不知哭泣，靈性缺也。猿猴之為物，跳擲於深林，厭飽乎梨栗，至逸樂也，而善啼。啼者，猿猴之哭泣也。故博物家云：「猿猴，動物中性最近人者。」以其有靈性也。古詩云：「巴東三峽巫峽長，猿啼三聲斷人腸。」其感情為何如矣！

靈性生感情，感情生哭泣。哭泣計有兩類：一為有力類、一為無力類。癡兒騃女，失果則啼，遺簪亦泣，此為無力類之哭泣。城出杞婦之哭，竹染湘妃之淚，此有力類之哭泣也。有力類之哭泣又分兩種：以哭泣為哭泣者，其力尚弱。不以哭泣為哭泣者，其力甚勁，其行乃彌遠也。

《離騷》為屈大夫之哭泣，《莊子》為蒙叟之哭泣，《史記》為太史公之哭泣，《草堂詩集》為杜工部之哭泣。李後主以詞哭，八大山人以畫哭。王實甫寄哭泣於《西廂》，曹雪芹寄哭泣於《紅樓夢》。王之言曰：「別恨離愁，滿肺腑，難淘瀉，除紙筆，代喉舌，我千種相思向誰說？」曹之言曰：「滿紙荒唐言，一把辛酸淚，都云作者癡，誰解其中意？」名其茶曰「千芳一窟」，名其酒曰「萬豔同杯」者，千芳一哭，萬豔同悲也。

吾人生今之時，有身世之感情，有家國之感情，有社會之感情，有種教之感情。其感情愈深者，其哭泣愈痛。此鴻都百鍊生所以有《老殘遊記》之作也。

棋局已殘，吾人將老，欲不哭泣也得乎？吾知海內千芳，人間萬豔，必有與吾同哭同悲者焉！

——劉鶚《老殘遊記・自序》

人為什麼會哭泣？

我常跟自己的學生說，你不讀《老殘遊記》沒關係，但你一定要讀劉鶚寫的〈自序〉，這實在是一篇至情至性的好文章，也是我由衷想跟各位讀者分享的。

劉鶚在這篇文章開頭，就提出了一個哲學問題：人為什麼要哭泣？

「這有什麼好問的！」也許你會這樣想。「痛了就會哭，受苦了就會哭，不是嗎？」這在我們一般人看來再尋常不過的常識，就是劉鶚思辨的起點。

> 嬰兒墮地，其泣也呱呱。又其老死，家人環繞，其哭也號咷。然則哭泣也者，固人之所以成始成終也。

劉鶚說，「哭泣」是人類生命的起點，也是終點。

你看，嬰兒來到這個世界上一定要哭泣。每當有一個新生命誕生時，人們總是歡天喜地，忙著慶祝，但我們好像從來沒有為嬰兒著想過——有沒有可能嬰兒根本就不想被生出來？嬰兒哭得那麼大聲、哭得那麼用力，這是不是一種抗議，在哀求著不想來到世界上？生而為人，也許本來就是一件值得哭泣的事吧。

勤勤懇懇，含辛茹苦，終於度過漫長而煎熬的一生，在我們老死之際，終於可以從人世中解脫了，想不到竟換成我們的家屬嚎啕大哭。「你怎麼可以先走一步？」「你怎麼忍心拋下我們？」當你聽到家屬悲傷的嚎叫時，你有沒有想過，人死了為什麼一定要哭？人生這麼苦，難道不能開心祝福死者脫離苦海嗎？

我想，家屬之所以捨不得死者離去，可能就是因為活著太苦了，失去了一個可以互相扶持、互相安慰的人，留下他們獨自面對殘酷的世界，真令人難以接受，所以才會哭得那麼傷心吧。

如果「哭泣」是人類生命的起點與終點，來了也要哭，走了也要哭，那我們是不是可以說：人生本來就是一場值得大哭特哭的悲劇？

其間人品之高下，以其哭泣之多寡為衡。蓋哭泣者，靈性之現象也，有一分靈性即有一分哭泣，而際遇之順逆不與焉。

淚水，從何而來？

劉鶚接著要探討一個更深入的哲學問題：人類會哭沒錯，但哭泣的根本原因究竟是什麼？你也許會說，遇到難過的事就會哭啊！但劉鶚顯然不認同這種觀點。

每個人多少都會經歷一些困境，也會遭遇痛苦跟難過的事。但你會發現，有的人就是玻璃心，遇到一點小事就很容易觸動他的情緒，淚水自然就落下來了；但有的人就是沒心沒肺，即使遇到再痛苦的事，他也可能麻木無感，一滴淚都擠不出來。（此處暫不考慮「強忍」淚水的情況，後文會再提及。）

表面上看起來，我們好像都是遇到痛苦的事情才會哭泣，但其實所有的痛苦遭遇都只是外在的、偶然的因素而已，未必總是會導致哭泣這個結果。劉鶚認為，一個人的內在必須先有充足的「靈性」，他才會有足夠的覺察能力，能被外在的事物及情境觸動，進而激動落淚。也就是說，每個人內在的「靈性」，才是淚水真正的源頭。

什麼是「靈性」？就是某種與生俱來的，特別靈敏的覺察能力。我們不是常說人類是「萬物之靈」嗎？人類跟動物最大的差異，就在於動物沒有靈性，而人類有靈性；所以劉鶚認為，愈敏感多情的人，他的靈性程度就愈高，相反地，愈是麻木無感的人，他的靈性程度就愈低。靈性低的人，跟禽獸其實沒有什麼差別。

所以結論是，我們可以用淚水多寡來衡量一個人靈性程度的高低。在這個世界上，當一個「高敏感族」也許是太辛苦了，因為敏感的人更容易被外物牽動，也更容易受傷；但是，就是寧可活得辛苦一點，當個痛苦而厭世的人，也不要淪為沒心沒肺、對世事麻木不仁的禽獸。

傷得愈重，哭得愈用力

但是，「靈性」為何必然導致「哭泣」呢？劉鶚說：

靈性生感情，感情生哭泣。

有靈性的人，才會對外物產生「感情」；有了「感情」之後，你就會被外物牽引、制約。一旦將外物從你身邊奪走，你就會痛不欲生，好像靈魂被千刀萬剮似的，這就是所謂的「傷痕」——靈魂有了傷痕，難道還能不哭出聲嗎？

而且，傷得愈重，哭得愈用力。

哭泣計有兩類：一為有力類、一為無力類。癡兒騃女，失果則啼，遺簪亦泣，此為無力類之哭泣。

劉鶚說，由於小孩子的心智能力還不夠發達，即使奪走他們的玩具或食物，他們哭一哭也就過去了，這還算不上什麼嚴重的傷。那什麼是嚴重的傷呢？

城出杞婦之哭，竹染湘妃之淚，此有力類之哭泣也。

你經歷過失去摯愛的痛嗎？我沒辦法向你具體形容，我只能跟你說，那是一種靈魂硬生生被斷成兩半的感受；而且你知道，你將會一輩子都是個殘缺不全的人，失去的部分永遠都不可能被填補。

你聽過孟姜女跟湘妃的故事嗎？孟姜女的丈夫因為修築長城而不慎死亡，想不到孟姜女的哭聲竟然震倒了長城；湘妃則是舜的妻子，在舜逝世之後，湘妃日日以淚洗面，她的淚水落在竹面上，點點滴滴，都成了無法拭去的斑痕。

孟姜女與湘妃都是弱女子，她們為何能有這種撼動外物的力量？

因為痛。

也許你沒有發現，但你的體內其實關著一隻沉睡的猛獸，只要你戳到牠的痛處，痛到極點，牠就會衝破一切關閘，奔騰傾瀉而出，無論你的理性再怎麼強大，也無法阻止。靈魂的力量是極為強大的。正是失去摯愛的痛，這種發自靈魂深處的痛，激發了孟姜女與湘妃的內在力量，讓她們的哭泣驚天動地，如此摧枯拉朽之勢，區區的長城又怎麼可能承受得住！

穿越時空，撼動人心的眼淚

但是，劉鶚說，這種力量還不夠強大。

怎麼會呢？孟姜女已經把長城給哭倒了，如此驚天動地的哭聲，劉鶚竟然覺得還不夠！在劉鶚的心中，到底什麼人的哭泣，能超越「哭倒長城」的威力呢？

有力類之哭泣又分兩種：以哭泣為哭泣者，其力尚弱。不以哭泣為哭泣者，其力甚勁，其行乃彌遠也。

劉鶚說，像孟姜女跟湘妃這種「直接哭出來」的人，她們的力量雖然已經很強勁了，但畢竟只能撼動一時一地的外物而已；相比之下，那些「強忍著哭泣」，不直接哭出來，而是把淚水化為文藝創作的人，他們的力量才是真正的強大。

為什麼呢？因為文藝可以穿越時空，撼動數千、數萬、甚至數代的讀者，甚至有可能改變世界！確實，在千年後，當我們手上捧讀屈原的〈離騷〉時，我們還能被屈原的碧血丹心所感動——文藝的力量是無限大的。

《離騷》為屈大夫之哭泣，《莊子》為蒙叟之哭泣，《史記》為太史公之哭泣，《草堂詩集》為杜工部之哭泣。李後主以詞哭，八大山人以畫哭。王實甫寄哭泣於《西廂》，曹雪芹寄哭泣於《紅樓夢》。

屈原因楚國破滅而哭。
莊子因亂世離散而哭。
司馬遷因宮刑之辱而哭。
杜甫因安史之亂而哭。
李煜因南唐亡國而哭。
朱耷因國破家亡而哭。[17]
王實甫因失去愛人而哭。
曹雪芹因無材補天而哭。

17. 朱耷，明朝宗室貴族，一生坎坷，似乎患有精神疾病。明亡後，化名「八大山人」，以花鳥畫與山水畫寄託國破家亡之痛。

他們為什麼要哭？因為他們都失去了原本賴以生存的事物：國也好，家也好，愛人也好，理想也好，尊嚴也好，都已經碎了一地，煙消雲散，再也無法拼接完全。他們的靈魂如此殘缺，又怎麼可能不哭。

但他們卻沒有哭出來。他們以淚水研墨，一字一句、一筆一劃，或成詩，或成文，或為曲，或為畫，他們將自己的淚水化為文藝，穿越時空的限制，交到了我們每一個人的手上。

親愛的讀者，請你謹記：當你看到他們的文字或圖畫時，那印在書頁上的，其實不是墨水，而是他們的淚。

然而，文字是我們的救贖

既然痛，為什麼不哭出來呢？哭出來就沒事了。為何硬是要強忍淚水，化為文藝（尤其是文學創作）呢？這有什麼用？——如果你問我這個問題，我會回答你，因為文字是我們這種人的救贖……。

除了化為文字，我們真的無路可走。

王之言曰：「別恨離愁，滿肺腑，難淘瀉，除紙筆，代喉舌，我千種相思向誰說？」

假如你問王實甫為什麼要寫《西廂記》，他會告訴你：與愛人分手的那種痛苦，充盈我的肺腑，無處宣洩，如果憋著不說，我一定會憋出內傷的！但就算我想說，卻沒有人願意聽，那我還能怎麼辦？除了化為文字，寄望讀者能明白我的心意之外，我已經走投無路了。

曹之言曰：「滿紙荒唐言，一把辛酸淚，都云作者癡，誰解其中味？」名其茶曰「千芳一窟」，名其酒曰「萬豔同杯」者，千芳一哭，萬豔同悲也。

假如你問曹雪芹為什麼要寫《紅樓夢》，他會告訴你：我是強忍著淚水，一字一句寫下這些荒唐無稽的故事的，我這種孤寂的處境大概沒有人能了解吧，所以大家以為我不過是在癡人說夢而已。

國族淪亡，家道中衰，曹雪芹心中本已沉痛，如今更背負著無人理解的孤寂之情，這種痛上加痛，除了化為文字宣洩出來，還有其他治療的方法嗎？沒錯，每一個孤獨的靈魂都會同意，文字是我們治療自己的最佳方式。

行筆至此，不禁想起《文心雕龍．序志》中的兩句話：

文果載心，余心有寄。

早在唐宋古文家提倡「文以載道」之前，劉勰就已經提出了「文以載心」的論述——原來「載心」才是文學存在的真正意義。

為什麼文字是我們心靈的寄託？因為當我在寫作的時候，必然假設會有讀者，我其實是在說話給想像中的讀者聽。縱然沒有人願意聽我說話，現實中我仍然是一個人，但在寫作的那一刻，至少還有讀者在陪伴我，雖然只是想像，但畢竟還是可以稍微撫慰我孤獨的心情吧。

童話故事告訴我們，在絕望的處境之中，總會有白馬王子來拯救你。但現實生活不是童話，我們的人生不可能會出現白馬王子。既然沒有人能來拯救我，我也就只能自救了。文字，因此成了我們的救贖，而且是靈魂層次的救贖。

我們一起哭吧

劉鶚之所以花了這麼大的篇幅，詳細交代「哭泣成書」的過程，想必就是為了告訴讀者：我的這本《老殘遊記》，也是用我的淚水積攢出來的一部結晶之作。

吾人生今之時，有身世之感情，有家國之感情，有社會之感情，有種教之感情。

其感情愈深者，其哭泣愈痛。此鴻都百鍊生所以有《老殘遊記》之作也。

棋局已殘，吾人將老，欲不哭泣也得乎？吾知海內千芳，人間萬豔，必有與吾同哭同悲者焉！

劉鶚生於清朝末世，面臨國之將亡、種教將滅的處境，既然無力回天，除了哭泣之外，又能做什麼呢？——他說，至少還可以寫作。他要將他的悲痛散布出去，他知道，這個世間一定會有讀者讀了他的《老殘遊記》後，跟他一起失聲痛哭的，因為他寫的就是他們那一代人普遍的遭遇。想到會有人一起流淚，至少可以稍稍撫慰自己孤寂的心情吧。

而這，也就是「厭世哲學家」之所以寫這樣一本書的原因了。

在寫作的這一刻，我還不知道有哪些人會拿起這本書來閱讀，但我知道我不會是孤獨一人，而你也不會是；因為我寫的是關於宇宙、關於人生的普遍真相，肯定會有人跟我有相同的經歷與感受。有一句勵志的名言是：「你笑，全世界跟著你笑。」但現在我要改寫這句話：「你哭，全世界總會找得到人跟你一起哭。」一旦了解宇宙與人生的真相，是沒有人不哭的，我只希望我的文字能稍稍撫慰你受創的心靈，讓你知道自己不是一個人。

我想，也許本書的出版，會是種另類的「集體治療」也說不定。

人生實難。
古來聖賢皆寂寞。
我們一起哭吧！

附錄二：「回家」之旅

——從《莊子》思想重讀柳宗元〈始得西山宴遊記〉

自余為僇人，居是州，恆惴慄。其隟也，則施施而行，漫漫而遊。日與其徒上高山，入深林，窮迴溪；幽泉怪石，無遠不到。到則披草而坐，傾壺而醉，醉則更相枕以臥，臥而夢。意有所極，夢亦同趣。覺而起，起而歸。以為凡是州之山有異態者，皆我有也，而未始知西山之怪特。

今年九月二十八日，因坐法華西亭，望西山，始指異之。遂命僕人過湘江，緣染溪，斫榛莽，焚茅茷，窮山之高而止。攀援而登，箕踞而遨，則凡數州之土壤，皆在衽席之下。其高下之勢，岈然洼然，若垤若穴，尺寸千里，攢蹙累積，莫得遁隱；縈青繚白，外與天際，四望如一。然後知是山之特出，不與培塿為類。悠悠乎與灝氣俱，而莫得其涯；洋洋乎與造物者遊，而不知其所窮。

引觴滿酌，頹然就醉，不知日之入，蒼然暮色，自遠而至，至無所見，而猶不欲歸。心凝形釋，與萬化冥合。然後知吾向之未始遊，遊於是乎始，故為之文以志。是歲，元和四年也。

——柳宗元〈始得西山宴遊記〉

恐懼

柳宗元，本來是中唐政局中一個最耀眼的政治明星，卻因永貞新政失敗，一夕之間就成了人人喊打的「奸佞」，被貶永州，離開了他熟悉的長安都城。當時，身邊的親人朋友過世的過世、離散的離散，他不知道還有多少人會惦記著自己；但是想了一想，可能還是被徹底遺忘比較好，這樣就不會再有人興風作浪、造謠陷害了。

柳宗元說：「自余為僇人，居是州，恆惴慄。」

我們可以想想看，到底柳宗元是在恐懼什麼？
難道只是怕被陷害嗎？
難道只是怕被貶到更遠的地方嗎？

人生最大的恐懼就是不知道自己是誰。

柳宗元本出生於士族門第，二十一歲即登進士，二十六歲便以博學宏辭，被即刻授予「集賢殿正字」，他連給朋友寫信時都會在名前掛上「集賢殿正字」頭銜，可見他對自己的職位充滿自信，嘴角經常不自覺上揚。過了三十歲不久，他便與同年進士的劉禹錫一起擔任監察御史，又與同在御史任內的韓愈交好，三人共享極高的聲望；永貞革新期間他更被升遷為禮部員外郎，專管詔書和奏章等重要事務。

當時的柳宗元在唐代政壇上就是個前途不可限量的明日之星，呼風喚雨、尊爵不凡，亦不免心高氣傲。他相信自己會在政壇這條路上愈爬愈高，出將入相，兼善天下，實現所有傳統士大夫的心願；但他怎麼樣也想不到，他才剛踏出第一步就踩了個空，直接從頂峰墜到谷底，跌了個稀巴爛，一輩子沒有辦法再爬起來。

原本是個名臣，一夕之間成了奸佞。

原本呼風喚雨，如今過街老鼠，乞人餘食為生。

原本人人爭相結交，如今人人避之唯恐不及，甚至還踢他一腳。

原本走在康莊大道，如今風雨飄搖，不知明日又在何處。

離開了長安，對他而言，就是離開了政治的舞臺。我們可以想想看，柳宗元原本是多麼依賴這個舞臺來界定自己的存在：他是個士族，他是個年少進士，他是集賢殿正字，他是監察御史，他是禮部員外郎……只差一步，真的只要再一步，他幾乎就可以出將入相了，但一瞬間這全都沒了，他被甩出了這條人生的「正軌」之外，墜入「未知」的迷霧。

他現在就只是個永州司馬，不過是個一點重要性都沒有的冗員罷了。簡單來說，他已經完全被排擠出唐代的政局之外，根本可以說是個死人。實際上，要是真死了還好，把你原本賴以生存的一切全拿走，再把你丟到荒郊野外自生自滅，這樣活著真是比死更痛苦。

我們可以設身處地想想柳宗元的心情：

我是個罪人，我住在這裡，總是感到很恐懼。
我不知道我下一步要去哪，我不知道未來有什麼在等著我，
我不知道到底還有誰是可以信任的，我不知道還有誰會離我而去，
我不知道是不是明天又要換個身分，我不知道我還可以再失去什麼。

我很害怕，
因為我不知道我自己是誰。

逃避

「其隟也，則施施而行，漫漫而遊。日與其徒上高山，入深林，窮迴溪；幽泉怪石，

無遠不到。」

由於這種「未知」的感覺太可怕、太令人不安了，柳宗元只能到處遊賞，以舒緩內心的焦慮。只要能撫平內心的不安就好，至於是什麼樣的景點其實根本無所謂，所以他一座山換過一座山，一條水換過一條水，終究無法根治他心中的恐慌，依然是「意有所極，夢亦同趣」。

柳宗元這個時候就像是個害怕單身的人，為了逃避孤獨，只好不斷與別人談戀愛，參加各種狂歡聚會，但在夜深人靜的時候，心底還是孤獨。關鍵不在於這些對象的條件好不好，跟這些對象在一起的時候快不快樂，而是一開始的心態就錯了——逃避就是抗拒，抗拒就是把痛苦抓得更緊，所以愈是向外面的世界追求滿足，內在的痛苦就愈是腐敗潰爛。除非我們的內在能先平靜下來，否則一切向外的求索，都是枉然。

我想，這也就是為什麼柳宗元歷盡了永州的山水，卻從未看見西山的原因了。西山如此平靜，永遠都待在那裡，但內心不平靜的人永遠都看不到它；直到柳宗元某日「因坐法華西亭」，內心相對平靜的時候，才「望西山，始指異之」。這抬頭望見西山的時刻，正宛如陶淵明所說的「採菊東籬下，悠然望南山」，人與宇宙之間達到了極高的「同步性」。

歸止

柳宗元上了西山之後，他看到與以往截然不同的景色。「其高下之勢，岈然洼然，若垤若穴，尺寸千里，攢蹙累積，莫得遁隱；縈青繚白，外與天際，四望如一。然後知是山之特出，不與培塿為類。」

值得探究的是：如果西山真的那麼「特出」，為什麼柳宗元以前一直沒有發現它？非得要等他爬到最高處，才說「然後知西山之特出」？西山的「特出」又與其他永州山水有什麼不一樣？

要知道的是，柳宗元一開始遊賞永州山水，他追求的是「幽泉怪石」；換言之，他在找的是那些「本身就很美」的景物，而西山很有可能從外表看過去一點也不美，甚至也不高聳，所以才一直沒引起柳宗元的注意。

一直到柳宗元爬到西山最頂峰的時候，他才發現，西山之美根本不在西山「自身」，而是從西山「眺望出去」的景色——以永州為中心，不僅周圍數州的景物全部盡收眼底，且外圍又有青山白雲相繞，上與天色相連在一起；也就是說，只要坐在西山，就好像擁有了整個天地一般！

如果沒有爬到西山頂峰，就無法向外看到一切美景；如果沒有看到這些美景，當然就不會知道西山有多麼「不與培塿為類」了。一般的「培塿」固然有其豐美之處，但西山卻完全是另外一個層次的美；西山本身雖然不美，但它實際上是包納一切眾美而成其「大美」——這是西山真正「特出」之原因。

《莊子》說「天地有大美而不言」。「天地」涵容一切萬物而成其大美，就像「西山」涵容數州土壤而成其豐美，就是因為如此，「西山」與「天地」才有了聯繫性：「悠悠乎與灝氣俱，而莫得其涯；洋洋乎與造物者遊，而不知其所窮。」無論從空間還是時間看來，西山都是天地的化身，從亙古以來，總是無窮無盡的涵容著一切，做為萬物的歸止之處。西山是無言的，西山是沉默的，西山沒有自己，所以不曾求他人關注，只有身歷其境才能明白其偉大。

於是柳宗元明白了，不管他人在何處，其實從未離開故鄉。

真正的故鄉就是天地，天地一直都在。

——祂從未拋棄過我。

「蒼然暮色，自遠而至，至無所見，而猶不欲歸。心凝形釋，與萬化冥合。」不是不願意回家，而是忘了回家，因為這裡就是家了！

所謂「心凝」，不應該解釋為「心神專一」，而是「心找到了歸止之處」故不再向外奔走、四處流浪，而得以凝定於當下，安住於此時此地。「形釋」，形體宛如從牢籠中釋放，恢復了原初的自由；因為他不再需要向外去追尋歸屬感，不再需要維持某個形象以求取他人的認同。如果手中沒有抓住任何東西，又何必患得患失、惶恐不安呢？

他的心不再被囚禁於長安，也不再被囚禁於永州，

甚至，他也不再被囚禁於柳宗元這個身分。

從天地而生，化而為人，死而回歸天地，化為虛無，

如同西山上的白晝黑夜，循環不止。

這既短而又渺小的一生，何必執著自己是誰？

將己身全然交託給天地，與化俱往也就是了。

「心凝形釋，與萬化冥合。」——最初的「惴慄」，至此消弭。

旅行的意義

「然後知吾向之未始遊，遊於是乎始。」

柳宗元最後說，原來啊，我從來沒有真正的旅行過。

我以前一直以為旅行是為了讓心去流浪，

自從來到西山才知道，旅行的真正意義，

原來是為了找到「回家」的方向。

對天地而言，旅人並非過客，
而是在認識自己真正的家園。
天地之間，無處不是家，
我們從未真正的流浪，
流浪的，是我們的心。

帶著這樣全新的領悟，
柳宗元展開了真正的旅行，
一趟讓「心」回家的旅行。⓲

18. 「永州八記」並非每一篇都能以莊子思想解讀，因為柳宗元這個時期的思想不斷產生變化，所以在最後一篇〈小石城山記〉中，柳宗元明顯有質疑「造物主」的思想，與〈始得西山宴遊記〉「洋洋乎與造物者遊」有表面上或實際上的衝突。〈小石城山記〉的感情基調也轉向沉鬱，不復有〈始得西山宴遊記〉的曠達。關於柳宗元思想轉變的問題，需要另文處理，我們希望以後有機會能發表這方面的研究成果。

附錄三：無盡的寶藏

——從《莊子》思想重讀蘇軾〈前赤壁賦〉

壬戌之秋，七月既望，蘇子與客泛舟遊於赤壁之下。清風徐來，水波不興。舉酒屬客，誦明月之詩，歌窈窕之章。少焉，月出於東山之上，徘徊於斗牛之間。白露橫江，水光接天。縱一葦之所如，凌萬頃之茫然。浩浩乎如馮虛御風，而不知其所止；飄飄乎如遺世獨立，羽化而登仙。

於是飲酒樂甚，扣舷而歌之。歌曰：「桂棹兮蘭槳，擊空明兮溯流光；渺渺兮予懷，望美人兮天一方。」客有吹洞簫者，倚歌而和之。其聲嗚嗚然，如怨如慕，如泣如訴；餘音嫋嫋，不絕如縷，舞幽壑之潛蛟，泣孤舟之嫠婦。

蘇子愀然，正襟危坐，而問客曰：「何為其然也？」客曰：「『月明星稀，烏鵲南飛』，此非曹孟德之詩乎？西望夏口，東望武昌，山川相繆，鬱乎蒼蒼，此非孟德之困於周郎者乎？方其破荊州，下江陵，順流而東也，舳艫千里，旌旗蔽空，釃酒臨江，橫槊賦詩，固一世之雄也，而今安在哉？況吾與子，漁樵於江渚之上，侶魚蝦而友麋鹿，駕一葉之扁舟，舉匏樽以相屬。寄蜉蝣於天地，渺滄海之一粟，哀吾生之須臾，羨長江之無窮。挾飛仙以遨遊，抱明月而長終。知不可乎驟得，托遺響於悲風。」

蘇子曰：「客亦知夫水與月乎？逝者如斯，而未嘗往也；盈虛者如彼，而卒莫消長也。蓋將自其變者而觀之，則天地曾不能以一瞬；自其不變者而觀之，則物與我皆無盡也，而又何羨乎？且夫天地之間，物各有主，苟非吾之所有，雖一毫而莫取，惟江上之清風，與山間之明月，耳得之而為聲，目遇之而成色；取之無禁，用之不竭。是造物者之無盡藏也，而吾與子之所共適。」

客喜而笑，洗盞更酌。肴核既盡，杯盤狼藉。相與枕藉乎舟中，不知東方之既白。

——蘇軾〈前赤壁賦〉

長生不死

〈赤壁賦〉這篇文章的重點是洞簫客與蘇軾的問答，我們就直接切入重點。

洞簫客的感傷因緬懷曹操而起。曹操是三國時期的大英雄與大文學家，他的蓋世功業幾乎無人能及，死了之後卻一切化為烏有。如果人終有一死，即使他真的君臨天下，遂了稱霸的心意，又有何意義？可幸的是，就是因為曹操夠偉大，至少在數百年之後，史書上仍然流傳著他的事蹟，所以我們還可以藉著遊歷赤壁，想像他當年的風采——那，我們呢？

洞簫客語意突然一轉，「況吾與子，漁樵於江渚之上，侶魚蝦而友麋鹿，駕一葉之扁舟，舉匏樽以相屬。寄蜉蝣於天地，渺滄海之一粟。」像我們這些渺小的凡夫俗子，生而依賴天地，死而復歸天地，在寂滅之後，有誰還記得我們曾經來這世上走過一遭？如果一切都將隨著死亡而消散，那這輩子我們的所有努力究竟有何意義？我們到底要用這短短的一生來追求些什麼呢？

「哀吾生之須臾，羨長江之無窮。挾飛仙以遨遊，抱明月而長終。知不可乎驟得，托遺響於悲風。」

於是洞簫客有了一個心願，他希望自己能變成長江，與明月長相始終，永恆不滅。畢竟，只要得到不死的生命，對於天地間轉瞬即逝的諸現象，都可以重複無限次的體驗——即使今年花落了，可以等來年花開；明年花落了，可以再等後年花開——如此年復一年，永遠不會失去也永遠不會錯過，天地間看似有限的一切都可以無限地享用。這樣的人生，難道不是最富足的嗎？

透過洞簫客所說的這一番話，蘇軾想請讀者思索什麼樣的人生課題呢？

如果能長生不死的話，也許，我們當下的這段赤壁之遊，也會有截然不同的意義。雖然我們今日聚會如此歡樂，但也許明天就各奔東西，此生不復相見，真是「此情可待成追憶，只是當時已惘然」。但如果我們都知道彼此的生命是無限的，將來還可以有無限次的重聚，所有的歡樂都可以被無限次的重新體驗，那離別時又何必感傷？又何必在最歡樂的時候，感到悵然若失？

只要長生不死，
我就能擁有一切。
如果能擁有一切，
那這短短的一生，
就不會只是一場
終歸會幻滅的夢。

觀看之道

蘇軾說，是呀，人生確實轉瞬即逝，宛如一場夢；夢醒時分，才發現我們原來什麼都無法擁有，一切終歸幻滅。但有沒有可能，其實我們一直都錯認了自己，所以才誤把夢境當作了真實？

「客亦知夫水與月乎？逝者如斯，而未嘗往也；盈虛者如彼，而卒莫消長也。」

蘇軾在此指出了一般人「看得見」與「看不見」的差異：一般人只看見長江之水奔流不止，不斷向東邊流去，卻沒看見更偉大的循環過程，其實水流一直反復回到起點，再從頭奔流一次。同樣的，一般人只看見月亮不斷陰晴圓缺的過程，卻不知道月亮本身從來沒有真正的增減，所以它才能不斷周而復始，重複從新月變成滿月、再從滿月變成新月的過程。

宇宙也是如此。

我們在中學的理化課都學過著名的「質量守恆定律」，宇宙之間的能量就這麼多，故此處生長，必有另一處幻滅；此處消亡，必有另一處新生。也就是說，宇宙間從未有過真正的生滅。我們只「看見」自己的一生如此短暫，卻「看不見」死亡之後，我們終將回歸宇宙之流，等待下一次的新生。蘇軾於是提出了兩種不同的「觀看之道」：

「蓋將自其變者而觀之，則天地曾不能以一瞬；自其不變者而觀之，則物與我皆無盡也。」

「變」與「不變」這兩種不同的觀看之道，並不是相對性的，否則我們就沒有理由一定要選擇「不變」的角度而不是選擇「變」的角度。實際上，「變」是從狹隘的個人觀點出發，才會覺得人生是從生到死，不可逆反的過程，且死後一切終歸虛幻；「不變」則是從宇宙本身的觀點出發，從宇宙的觀點看，一切都是循環往復，從未有過真正的生滅，當然也就不會有「終歸虛幻」這回事。

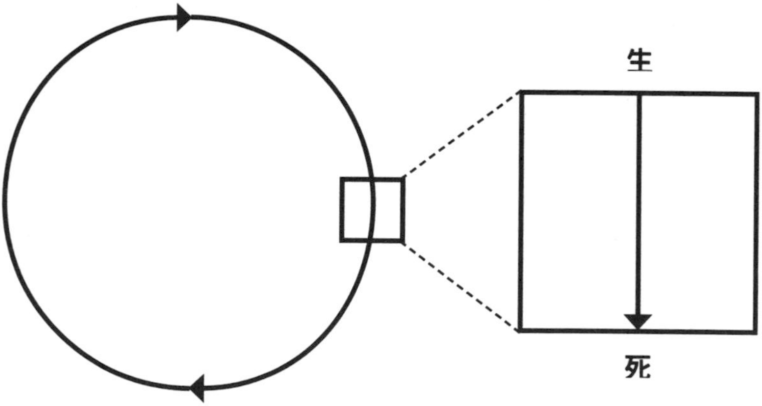

宇宙大循環　　個人的生命歷程

※ 從狹隘的觀點看，人的生命只是從生到死的歷程，但若從廣大的宇宙循環觀點看，個人生命只是其中一部份，終究會以不同的形式重複循環，並無真正的生滅。

只要天地還在，我們就會在，永遠不會消亡。
如果永遠不會消亡，又何必追求長生不死？
從宇宙的觀點來看，當下就是了，
我們早已是那不死不滅的一分子。

也許有人會問：為什麼我們一定要超脫狹隘的個人觀點呢？如果就是超脫不了，就是不想採取宇宙的觀點，難道不行嗎？——當然可以。但如果我們一直不去學習以宇宙的觀點看待事物，就會永遠被狹小而短暫的「自我」所束縛，無法轉化生命成為「人類成人」，這實際上是在逃避自己的成長之旅。

無盡的寶藏

蘇軾說「而又何羨乎？」究竟洞簫客所「羨慕」的對象是誰？

答案有可能是長江，畢竟洞簫客自己說「羨長江之無窮」。如果能投身於宇宙之流，那我們當然也會像長江一樣「逝者如斯，而未嘗往也」，當下就已經加入不死不生俱樂部了，所以根本就不必羨慕長江。

但答案也有可能是曹操。

洞簫客因為自己是個凡夫俗子，無法像曹操一樣建功立業，萬世留名，所以才轉而「羨長江之無窮」。實際上，曹操即使是一世之雄，最終依然歸於幻滅，徒然留下名聲供後人談笑而已，又有什麼好羨慕？依蘇軾言下之意，就算曹操的功業如此偉大，他也只是一個試圖向外尋找存在感的「人類孩童」而已，最終還是沒有找到一個有效的安頓生命的方法；與此相比，「人類成人」早已融入宇宙之流，進入不死不生之列，所以「人類成人」根本沒必要去羨慕一個很偉大的「人類孩童」。

從世俗的角度看，曹操是偉大的，我們這些凡夫俗子是渺小的；但如果從宇宙的角度來看，我們這些凡夫俗子有可能會變成最偉大，而曹操則會變成最渺小。最前面的會來到最後，最後面的反而會變成第一。

蘇軾接著說：

「且夫天地之間，物各有主，苟非吾之所有，雖一毫而莫取。」這幾句話應該是在影射曹操，因為他就是那個硬要奪取天下、硬要主宰萬物的代表人物。

因為恐懼未知，所以才要盡全力抓住可見的東西，以確保自己是安全的、富足的；但如果我們對宇宙全然地信任，並安身於其中，就不會再患得患失了。「人類孩童」總是想要抓住某些東西，證明自己的價值；而「人類成人」則是放開一切，將自己完全交託給宇宙，並與之協調一致。蘇軾說：

「惟江上之清風，與山間之明月，耳得之而為聲，目遇之而成色；取之無禁，用之不竭。是造物者之無盡藏也，而吾與子之所共適。」

只要放下掌控的心，就會發現天地之間無處不是寶藏，我們其實一直活在宇宙的恩典中，它早已提供了我們所需要的一切，但像曹操這種人卻永遠也看不到——體悟了這一點，才能成為真正富足的人。

至此，蘇軾已經給了洞簫客最直接的答覆：
根本不需要長生不死，也不需要佔有一切，
我們早已擁有一切。這就是了，當下就是。
這一場赤壁之遊，就是宇宙給的豐富寶藏。

即使曹操佔有了全天下，
但他大概永遠都無法了解
我們此時此刻的歡樂吧。
到底誰才是真正富足的人呢？

「客喜而笑，洗盞更酌。肴核既盡，杯盤狼藉。相與枕藉乎舟中，不知東方之既白。」
即使渺小的一生終究會如煙消散，此刻的歡聚也不可能再重新體驗，但那都已經無所謂了。寄情於天地，與造化同遊，也許我們會像流入長江之中的兩滴雨水，在千萬年後的某個不知名時刻，終究會以不同的形式再聚首吧！

雖然到了那個時候，我們都不會記得彼此是誰了。

當下的就還給當下，未知的就交給宇宙。

所以，不要再說「此情可待成追憶」了，

天地之大，湖海之深，

與其記得，不如相忘。

泉涸，魚相與處於陸，

相呴以濕，相濡以沫，

不如相忘於江湖。

附錄四：「夢」的另一個結局

——從《莊子》思想重讀王羲之〈蘭亭集序〉

永和九年，歲在癸丑，暮春之初，會于會稽山陰之蘭亭，脩禊事也。群賢畢至，少長咸集。此地有崇山峻嶺、茂林脩竹；又有清流激湍，映帶左右，引以為流觴曲水。列坐其次，雖無絲竹管絃之盛，一觴一詠，亦足以暢敘幽情。是日也，天朗氣清，惠風和暢。仰觀宇宙之大，俯察品類之盛，所以遊目騁懷，足以極視聽之娛，信可樂也。

夫人之相與，俯仰一世，或取諸懷抱，悟言一室之內；或因寄所託，放浪形骸之外。雖趣舍萬殊，靜躁不同；當其欣於所遇，暫得於己，快然自足，不知老之將至。及其所之既倦，情隨事遷，感慨係之矣。向之所欣，俛仰之間，已為陳迹，猶不能不以之興懷；況脩短隨化，終期於盡。古人云：「死生亦大矣。」豈不痛哉！

每覽昔人興感之由，若合一契，未嘗不臨文嗟悼，不能喻之於懷。固知一死生為虛誕，齊彭殤為妄作。後之視今，亦由今之視昔，悲夫！故列敘時人，錄其所述。雖世殊事異，所以興懷，其致一也。後之覽者，亦將有感於斯文。

——王羲之〈蘭亭集序〉

「自足」之不可能

王羲之寫〈蘭亭集序〉這篇文章，主要就是為了與《莊子》對話，這從最後一段的「固知一死生為虛誕，齊彭殤為妄作」這句話可以看得出來，但其中仍有許多涵義值得推敲。

首先，王羲之是透過郭象的注解來理解《莊子》。郭象對《莊子．齊物論》「天下莫大於秋毫之末，而太山為小；莫壽乎殤子，而彭祖為夭」一句的注解如下：

夫以形相對，則大山大於秋豪也。若各據其性分，物冥其極，則形大未為有餘，形小不為不足。苟各足於其性，則秋豪不獨小其小，而大山不獨大其大矣。……苟足於天然而安其性命，故雖天地未足為壽而與我並生，萬物未足為異而與我同得。則天地之生又何不並，萬物之得又何不一哉！

按照郭象的理解，每個人的壽命都不一樣，當然有「夭」與「壽」的差異；但只要我們不去跟別人比較，該活三年就活三年，該活三十年就活三十年，接受上天的安排，好好過這些日子就可以了，何必去羡慕那些長命百歲的人呢？

根據郭象的說法，如果我們只剩下三年的時間可活，而這三年期間我們都過得很滿足，這就夠了；比起那些活了一百歲卻不知滿足的人而言，這個滿足於三年壽命的人，其實才是最富足的。因此，衡量一個人「夭壽」的標準，不是他此生活了多少日子，而是他的內在滿不滿足。

王羲之說，這表面上聽起來很有道理，實際上卻並非如此。「當其欣於所遇，暫得於己，快然自足，不知老之將至。」當然，每個人都會有快樂、滿足的時候，在滿足的那當下，確實不會去考慮自己還有多少日子可活，也不會去在乎自己是短命或長命——但這種狀態其實並不持久。關鍵在「暫得於己」這個「暫」字。

王羲之認為，所有的「滿足」，都是暫時的。

「及其所之既倦，情隨事遷，感慨係之矣。」當時間久了，原本滿足他的東西已經無法滿足他了，產生厭倦感的時候，他的內在就會湧現無比的空虛。

永遠都在追逐外在的事物，卻永遠也不會得到真正的滿足。擁有愈多就愈覺得匱乏，愈努力就愈覺得徒勞——這就是人類的本性。

我們的人生不知道花了多少時間，沉迷於外在的事物，有可能是愛情，有可能是事業，有可能是養兒育女。我們將生命投注在這些事物中，以換取成就感，用來證明自己的重要性；但往往會在那麼一瞬間，我們忍不住要自問：究竟我是在追求什麼？到底我這一生是為什麼而活呢？

「向之所欣，俛仰之間，已為陳迹，猶不能不以之興懷。」以前喜歡的東西，在一瞬間，變得好陌生。我到底為什麼要浪費這麼多生命投注在這上面？這有什麼意義嗎？我這輩子真的有為自己活過哪怕一分一秒嗎？

「況脩短隨化，終期於盡。古人云：『死生亦大矣。』豈不痛哉！」如果外在的事物都沒什麼好追求的，那我們回歸於自己的生命好嗎？從此之後，我們為自己而活，好好照顧自己，追求內在的平靜與安適，以終其天年。但王羲之還是要問：這麼做的意義何在？就算我們把握剩下來的時間為自己而活，但還不是有一天要死掉！長命也好、短命也罷，死了就是死了，不管你是為他人而活還是為自己而活，根本都沒有任何意義。

王羲之不停追問：如果這個世界上一切都不是永恆的，終究都要隨著生命的消亡而消亡，到底還有什麼是有意義的，又有什麼是值得用盡一生的生命去追尋的呢？

答案是沒有。

人生沒有意義。

人生終歸虛幻。

王羲之真正的哀痛是這回事呀！

依然溫熱的心

追問至此，我們應該真正地清醒過來才對。

《莊子》如此告訴我們，人生終歸是一場夢，在夢中的一切都沒有意義。如果我們把夢中的事物當真，以為真的有得失禍福貴賤夭壽的差異，那我們的喜怒哀樂就會被這些事物制約，一輩子「情隨物遷」，永遠沒辦法得到真正的解脫。如果我們能盡早察覺這是一場夢的話，在我們清醒過來之後，就不會再受夢境的影響，從此形如槁木、心如死灰，泰山崩於前而色不變，不管任何遭遇都能泰然處之。

但是王羲之不願意承認這件事。

他覺得這不可能是夢，它也不可以是夢。

——因為我的心還是溫熱的。

「每覽昔人興感之由，若合一契，未嘗不臨文嗟悼，不能喻之於懷。」如果這是一場夢，為何我看到古人的詩文還會那麼感動？如果我「心如死灰」的話，又要如何與這些古人「心心相印」？不行不行，縱然一切都可能是假，但這溫熱的心是真的，我能感到古人的心與我的心一起在跳動著。

什麼都能死，但「心」絕不能死。

「固知一死生為虛誕，齊彭殤為妄作。」這個「固」字表示的是「確實」。逼問至此，王羲之他終於可以確認，「一死生」與「齊彭殤」也許在理論上可以成立，但是做為一個人，一個活生生的人，絕不可能對死生夭壽無動於衷。這麼說並不表示我們一定要去追求長生不死，因為那是沒有意義的；可貴的是，就算我們知道這一切都那麼沒有意義，但我們的心並不因此而死，我們的心依然是溫熱的——用一顆溫熱的心去活出終究了無意義的一生，這就是意義所在，因為我們是一個「人」。

於是王羲之決定要做一件事。

「後之視今，亦由今之視昔，悲夫！故列敘時人，錄其所述。雖世殊事異，所以興懷其致一也。後之覽者，亦將有感於斯文。」

他要將眾人今日所做的詩文給集結起來，整理出版。就像古人曾經留下詩文給他一樣，他也想要將這個時代的詩文給流傳下去；他相信不管過了多少個朝代、多少個世紀，當人們對生命感到了無意義的時候，都可以透過閱讀這些詩文重新喚起心的溫熱。原因無他，因為我們都是「人」。

也許今日的種種歡樂，種種哀愁，

真的都只是一場「夢」而已，

但文字卻讓這場「夢」的結局變得截然不同。

文字保存了我們心頭的喜與悲，
交到千年後的某位讀者手上，
在他的心頭，蕩起了新一輪的喜與悲。

心與心的相印相連，似乎能讓我們的生命超越形軀的限制，
無窮無盡地隨著時間綿延下去，歷經十代、百代、千代，
只要人類仍然存在，文字仍然存在，我們就會存在。
王羲之相信：
只要還有人記得，往事就不會成煙。

王羲之雖然比不上莊子的宏大氣魄，
他領悟不了宇宙之道，也做不到情歸天地，

但他將希望寄託於「人」，寄託於「文」，
人文的曙光，於此燦然輝煌。

縱然無法清醒，縱然永生永世皆在「夢」中，
但「夢」的結局——也許並不絕望。

厭世講堂
顛覆人生的十堂莊子課

作者　厭世哲學家
總編輯　汪若蘭
執行編輯　顏妤安
行銷企劃　許凱鈞
封面設計　江孟達
版面構成　賴姵伶

發行人　王榮文
出版發行　遠流出版事業股份有限公司
地址　臺北市南昌路 2 段 81 號 6 樓
客服電話　02-2392-6899
傳真　02-2392-6658
郵撥　0189456-1
著作權顧問　蕭雄淋律師

2019 年 1 月 23 日　初版一刷
2019 年 2 月 20 日　初版二刷
2019 年 3 月 4 日　初版三刷
2019 年 7 月 22 日　初版四刷
定價　新台幣 320 元

ISBN　978-957-32-8453-6
遠流博識網 http://www.ylib.com E-mail: ylib@ylib.com
（如有缺頁或破損，請寄回更換）

國家圖書館出版品預行編目 (CIP) 資料

厭世講堂：顛覆人生的十堂莊子課 / 厭世哲學家著 . -- 初版 . -- 臺北市：遠流，2019.01
面；　公分
ISBN 978-957-32-8453-6(平裝)
1.(周) 莊周 2. 學術思想 3. 人生哲學
121.33
108000137